THE MENTALISM

人の心を自由に操る技術
ザ・メンタリズム

メンタリスト DaiGo

扶桑社

人の心を
自由に操る
技術
ザ・メンタリズム
THE MENTALISM

FOREWORD

　予想外のことや未知のもの、あるいは瞬時には理解できない現象を目の当たりにしたとき、人の心はなぜワクワクと高揚するのでしょう。
　そもそも「脳」という器官は、「必然でないこと」を前提にその動作が設計されているのだそうです。だからこそ、予想できることのなかに「予想外のこと」があると、人間は魅力を感じるのです。

　私が尊敬するアインシュタイン博士は「感動することができなくなった人は死んでいるのと同じである」という名言を残しましたが、人の心をワクワクさせるその「感動」という〝波〟がいったいどこからくるのか、実はまだ解明されていないのです。
　人間の3大生理的欲求である睡眠欲・食欲・性欲は、脳のどの部分が作用し、いかにして起こるのかが解明されているのに対し、より高次な欲求である知識欲はまさに未知の分野。知らないことを理解したり学習すると「おもしろい」と感じるのは、大人も子供も、それこそ人種を超えた世界共通の脳の作用であるにもかかわらず、それがどこから生まれるのかわからないというのはとても興味深いことです。

知覚の奥深さに魅せられて

　私自身が初めて「超能力」と呼ばれるものを見たのは、確かテレビのスペシャル番組だったと記憶していますが、世の中の多くの人たちと同様に、その初めて見る不思議な現象にワクワクと心躍りました。

なぜ、人の考えていることが読めるのか。行動を言い当てられるのだろうか。理解不可能なことをやってのける能力に好奇心や畏敬の念を抱きましたが、その一方で〝超能力者〟と呼ばれる人たちがあまり好きではありませんでした。

というのも、私がテレビで目にした超能力者の人たちは、その特殊で特別な能力について問われると「私は神からこの力を授かった。これは神からのギフトです」などと言っていたのです。

この人が持っているギフトを自分はもらっていない。言い換えれば、その人が「私には特別な力があるけれど君たちにはないから、私と同じことはできないよ」と言っているように聞こえたのです。

薬剤師である母の薬学関連の書籍を絵本代わりに育ち、幼い頃から科学的な法則に興味があった私は、たとえ特別な能力がなくとも、他の知識や方法を使って超能力者よりもはるかにすごいことをできる術はないだろうか、いや絶対にあるはずだと思い始めました。

これは中学生の頃の出来事ですが、のちにメンタリズムと出合い、その奥深さに惹かれた背景はこのときすでに確立されていたのかもしれません。

高校卒業後、人間の脳を工学的に作るという夢を抱いて慶應義塾大学理工学部 物理情報工学科に進学。人間の脳に似た記憶をする〝人工知能〟を構成する材料の研究に携わるようになりました。

少し難しい話になりますが、その材料のひとつにハードディスクな

どの記憶媒体として使用される〝スピングラス〟という磁性体があります。他の磁性体とは異なるおもしろい特徴を持っていて、通常はひとつの領域だとひとつ記憶するに留まるのに対し、多値記憶、つまりいくつもの情報を重ねて記憶できるうえ、記憶と記憶の間に何らかの関連性ができて連想記憶が可能なのです。ただし、そのスピン配列の一部が変わってしまうと全体のネットワークがガシャッと変わり、まったく違う記憶になってしまう。

　人間の記憶も同様に、〝ごく単純で簡単なこと〟で記憶のすり替えが可能です。人間の記憶は必ずしも〝事実〟や〝真実〟を思い出しているのではなく、スピンの配列を変えるように、簡単に偽の記憶にすり替わってしまうのです。
　話が横道にそれましたが、大学でこの「記憶」というものについてさまざまに研究を重ねるうち、自分の興味は人工知能ではなく、本物の人間の脳や知能へと移っていきました。
　メンタリズムと出合ったのは、まさにこの頃です。
　そして、興味はさらに人間の心理へと。その後、現在私のプロデュース兼マネジメントを手がけるむらやまじゅん、私がメンタリストの師と仰ぐKOU☆の3人でCALL³（スリーコール）というチームを組織し、人の心理に直接的に触れることのできるメンタリストとして活動をスタートしました。

「すべての超常現象は、科学で証明できる」

　子供の頃に憧れ、そして反発もした〝超能力〟は、私にとってすべて科学で解明できるパフォーマンスとなったのです。

知覚の錯覚は日常的に起きている

　私たち人間は、今自分が見ているものや感じていることが〝本当〟だと思いがちですが、それらは決して真実ではありません。残念ながら人間のマインド、知覚もまた非常にだまされやすいものなのです。

　私は、時折ディナーショーなどある程度まとまった人数の前でパフォーマンスを行うことがあります。ステージに立ち、自分の右手を挙げ、「皆さん、右手を挙げてみてください」と呼びかけると何が起こると思いますか？　私の右手を見ながら、ほとんどの人が自分自身の左手を挙げるのです。つまり、左側に上がった私の右手を見た時点で、すでに皆さんの脳はだまされているのです。

　ヨーロッパで活躍しているアイルランド出身のメンタリスト、キース・バリー（Keith Barry）も、「コツさえわかれば、人のマインドを操ることはいかに簡単か。私の右手に注目して欲しくなければ、私自身が見なければいいのだ」と言っています。このように仕掛けを使わず、場の状況を把握し、人のマインドのなかに静かにかつ巧妙に入り

込んでいく。注意や意識をコントロールし、心理を揺らす。それがまさにメンタリズムであり、メンタリズムのおもしろさだといえます。

　では、メンタリズムはパフォーマンスでしか活用できないのでしょうか。いいえ。「ほら。あなたの行動を予測しましたよ」とステージショーのように明らかにするのではなく、日常生活のなかで使ってこそ、人知れず〝奇跡的〟な結果を作り出すのです。
　詳しくはこのあとの序章で説明しますが、本書では、パフォーマンスで使用するメンタリズムを紐解き、基礎編と応用編に分けて紹介しています。基礎編ではメンタリズムの解説および、ベーシックな知識とテクニックを。ビジネスと恋愛に的を絞った応用編では、その場の状況や相手の心を非常に巧妙で繊細なアプローチで操作する、より具体的な手法を盛り込んで解説しています。

　本のなかでもたびたび触れていますが、メンタリズムは単体の手法を実践しても十分な効果を得られますが、複合技としていくつもの手法をレイヤーにして重ねていくと、より確実かつ大きな結果を導き出すことができる驚きの法則です。
　ですから、恋愛やビジネスに限らずあなたが作り出したい結果のために、この手法を実生活でぜひ実践してみてください。知識をいくら集めても、それはただの知識にしかすぎません。知識を行動に生かしてこそ、現実を変えることができるのです。

私が紹介するメンタリズムのテクニックが、少しでもあなたの「現実」を変える手助けになったとしたら、メンタリストの1人としてこれほど光栄なことはありません。

FOREWORD ◆ まえがき ……………………………………………… 10

序章
メンタリズムとは？

メンタリストとは誰か ……………………………………………… 24
　　メンタリストは、あなたの身近なところに
　　〝超能力者〟は実在するのか？

メンタリズムとは何か ……………………………………………… 28
　　マジック（手品）とは何が違うのか？
　　人間の〝逃れられない〟特性を味方につける

メンタリズムの基礎となる「観察」と「操作」 …………… 33
　　◆「観察」について
　　　　場の雰囲気を的確につかむ
　　　　相手のディテールをチェックする
　　◆「操作」について
　　　　ごく普通の会話で相手をコントロールする

CONTENTS

メンタリズム基礎編
相手を操る基本テクニック

観察で相手のマインドを探る ……………………………………… 48
  服装や持ち物を観察する
  相手の口元を観察する
  相手の笑顔を見極める
  相手のしぐさ、体の動きを観察する
 Exercise 1 メンタリストならではの「観察力」を鍛えるエクササイズ … 60
  相手の目の動きを観察する
 Exercise 2 実践してみよう！目の動きで配置を知る ……………… 69
  嘘を見抜く方法、それは「観察」しかありません
  ［CHECK POINT 1］アイコンタクトの長さ
  ［CHECK POINT 2］腕組みと足組み
  ［CHECK POINT 3］過度なセルフタッチ
  ［CHECK POINT 4］文脈の乱れ
  ［CHECK POINT 5］言動の不一致
  ［CHECK POINT 6］一瞬の安堵を見逃さない
  ［CHECK POINT 7］嘘と笑い、動作の関係
  ［CHECK POINT 8］舌の動きで見る嘘の影
 Exercise 3 観察のポイント メンタリズムカルテを作成する ……… 78

 Column 1 ── てっとり早く結論に導く会話のトリック ……………… 81

相手のマインドを操作する ……………………………………… 82
  ◆手の動きでコントロールする
  手で特定の物を強調する
  手で相手の視界を遮る

17

手を使って、相手の記憶にアンカーを入れる
　📀 **Exercise 4** 　相手に狙いどおりの物を選ばせるエクササイズ ……………… 90
　◆スペース・空間をコントロールする
　　　空間を味方につけて親密性を高める
　　Exercise 5 　人との距離感を、グラスの距離で測る ……………………… 94
物の配置で印象を操作する
より多くの情報をさりげなく見せ、印象づける
　　Exercise 6 　1枚のシートを最後まで目立たせ選ばせる方法 ………… 98
目や耳の特性を利用して要求を通しやすくする
　　Exercise 7 　左から右への法則を使ってプレゼンを有効に ……………102
◆時間をコントロールする
　　　時間を味方につけて相手の記憶をコントロール
　　Exercise 8 　相手の言葉を封じる、インタラプションのエクササイズ ……105
記憶を操作して、カリスマ性を演出する
◆言葉でコントロールする
　　「あえて言わず」に、相手の選択を操作する
　　Exercise 9 　周囲のあまのじゃく度がわかるエクササイズ ……………110
相手の返事を自在に操る「YESセット」
　　Exercise 10 　YESセットのトークを鍛えるエクササイズ ………………113

Column 2 ── クライアントへのメールは
　　　　　　どれぐらいの頻度でするのが効果的？ ……………………………116

声を使い分けることで相手の選択を操作する
「秘密」という言葉が放つ、甘い香り

Column 3 ── 安心感を与える「3」の法則 ………………………………………123

CONTENTS

◆しぐさ、動作でコントロールする
　ミラリングから作り出す信頼関係

　　Column 4 ── 頼みごとを気持ちよく
　　　　　　　　引き受けてもらえる「分担の法則」……………………126

メンタリズム応用編
仕事を思いのままに操る

ビジネスで相手の心を操る ……………………………………………130
　相手との距離を縮めて、関係性を作り出す
　Exercise 11 相手を動かして優位性を演出する ………………132
　ルールは「初対面」のときに決まる
　Exercise 12 パワーシェイクハンドをマスターして相手より優位に ………134
　自分側を優位に見せて主導権を握る「視神経疲労法」

　　Column 5 ── 演出されていた!?　ヒトラーの演説法 ……………138

　「第一印象」を制す者は、ビジネスを制す!?

　　Column 6 ── 小物のマッチングで親近感を生み出す ……………143

　面接で自分を魅力的な人物に見せるフォーラーの効果
　提案する企画や商品への印象をアンカーで操作する
　Exercise 13 自己暗示をかけて緊張から解放される！………………148

オフのときに暗示を入れ、相手の選択を操作する
メンタリズムから見た効果的なトークの法則
プッシュしたい商品や自分自身を強く印象づける方法
タイムラインをさかのぼって過去を消す方法

Column 7 ── 常連になりたい店で名前を覚えてもらう方法……………………164

相手の欲しいものを暗示に入れたセールストーク

メンタリズム応用編
恋愛を思いのままに操る

好きな相手の心を操る …………………………………………………170
恋愛はまず観察ありき
目線で伝える、相手への好意
Exercise 14 手を出してもらうだけで簡単に相手の性格を見抜く方法……175
共通性、類似性を探すことが"好意"を引き出す
Exercise 15 類似性を見つけるエクササイズ ……………………………178
「自分をわかってくれる」と思わせるひねりの会話
初対面なのに、親近感を感じさせるミラリングの手法
Exercise 16 ミラリングを実践する ………………………………………183

Column 8 ── 究極のミラリングは、呼吸を合わせるペーシング……………184

CONTENTS

親近感を持たれるサイコロジカルタッチ
Exercise 17 身近な人の体に触れて、慣れておく ……………………188
絶対に嫌がられないビギナー向けの誘導話法
Exercise 18 したいことを相手に言わせる究極の誘導話法 …………191
気になる女性をデートに誘う Door in the Face テクニック

Column 9 ── あわせて覚えたい Foot in the Door テクニック ……………196

恋人のいる相手を落とすテクニック

Column 10 ── 分離法を使って、もめごとを最小限に治める！……………201

うまく別れを切り出すメンタリズム的方法
Exercise 19 読筋力を鍛えるエクササイズ ……………………………204

AFTERWORD ◆ あとがき ……………………………………………………208

序章

メンタリズム
とは？

What is mentalism?

メンタリスト
とは誰か
Who is the mentalist?

「私は説得によってすべてを創り出した」という言葉を残したドイツの独裁者アドルフ・ヒトラーは、メンタリストとしての能力にも長けていました。

そんなことを耳にしたら、皆さんはどう思いますか？

人種主義的思想に基づいたユダヤ人および障害者に対する迫害政治や、第二次世界大戦の誘因。まさに〝悪〟と〝狂気〟の権化のようにいわれる反面、特に初期のヒトラーは国民から圧倒的な信頼と支持を受け、さまざまなことを可能にしたカリスマ的能力を持っていたともいわれます。危険な扇動者である一方、国民選挙により誕生したヒトラー政権は**90％にものぼる賛成票を集め、以降24年もの間、党首として**君臨し続けたのもまた事実なのです。

いかに人の心のなかに、そうとわからないように効果的に入り込み、自分の意のままに操るのか。不可能と信じられていることを、いかに可能へとひっくり返すのか。何を味方につけ、どのような演出を施すことで、想像よりもはるかに大きな結果を導き出すのか。

これがメンタリズムの極意であり、その意味ではヒトラーはまさにその極意を身につけていたといえます。彼は超能力者ではありません。ですが、ときに予言者のようであり、魔術師のようであり、宗教家や、また神か悪魔のようにも見えたとも記されています。

それは、ひとえにヒトラーに元から備わっていた能力や周到さのな

せる業なのでしょうか？

　一度会ったら忘れらない存在感を相手に残し、自分の発言が人から期待され、好き嫌いに関係なく不思議と魅了されてしまうカリスマ性を、ちょっとしたコツを覚えるだけで身につけられるとしたらどうでしょう？

　誰もがあなたの望む結果を選択し、しかもそれはあなたに言われたからではなく、"**自分が望んで選択した**"と思わせられるとしたらどうでしょう。

　ヒトラーのような"特殊な人"になる必要はありません。メンタリズムを身につければ、**カリスマ性を作り出し、自分が自分のアドバイザーとなり、すばらしい演出家にもなれる**のです。

▶▶ メンタリストは、あなたの身近なところに

　人間は驚いたとき、未知のものを目にしたとき、脳が活性化します。理解できず、「何が起きているの？」「どうなっているの？」と目を開き、口を開き、耳を開放し、同様に心を開いて情報を自分のなかに取り込もうとします。

　その"心が開いている"ときこそ、物事を信じやすく、説得されやすく、「暗示」が非常に入りやすい状態です。ですから、私たちメンタリストは意図的に"驚き"や"衝撃を伴う感動"を作り出し、そこ

からより深い心理系のパフォーマンスへと移っていくのです。その手法は、"奇跡"を見せる教祖たちと同じです。

　2011年に亡くなったインドの霊的指導者サイババ氏は、手のひらを回転させて聖灰やネックレス、指輪などさまざまな物を出したとされていますが、この"奇跡"はまさにメンタリストがパフォーマンスを行う際の"導入"。**「驚きを生む言行」**によって、相手を引き寄せ、次の情報を引き出す方法と同じです。私は導入にフォーク曲げ（メタルベンディング）を使うことがありますが、金属を曲げるかわりにサイババ氏は灰や物を出したといえるでしょう。

　「メンタリスト」を名乗っていなくとも、**世の中には実にさまざまなメンタリストがいます**。中世末期に数え切れない人数が処刑されたといわれる魔女、霊媒師、占い師、心理カウンセラーやスピリチュアリスト、なかには"落としの天才"などの異名をとる敏腕刑事や探偵、やり手の営業マン……。あまり大きな声では言えませんが、詐欺師も含まれるでしょう。

▶▶ "超能力者"は実在するのか？

　私が行っているメンタリズムは、エンターテインメントです。世の中で超能力や超常現象、念動、念力、テレパシー、予知などといわれ

序章 ◆ メンタリズムとは？

る現象を科学や物理学、心理学などを使い、ショーとして実現化する「アート」なのです。決して自分には超能力や霊能力があると言っているわけではありません。むしろ私が取っているのは、まったく逆の立場です。

〝なんだかわけのわからない力〟ではなく、非常に明快な〝科学の力〟を使って、超能力や霊能力の仕業だと思われる不思議な出来事、〝超常現象〟を実現化して見せるのです。

そろそろ皆さん、ある疑問がむくむくと頭をもたげてきてはいませんか？
「メンタリズムは、超能力ではないの？」
「超能力者は実在するの？」
はっきり言いましょう。
私の答えは、「ノー」です。
超能力者を名乗っている人のなかには、エンターテインメントとして超能力を演出している人もいるでしょう。また、自分では無意識のうちにメンタリズムの理論を実践していて、〝自分には不思議な能力が備わっている〟と信じている人もいるでしょう。
ですが、超能力を科学によって再現できると明言する私から見たら、**あくまでも科学で解明できることが起きているにすぎない**、といえるのです。

27

メンタリズム
とは何か
What is mentalism?

　メンタリストという存在が、特別な能力を持つ者でないことはすでにおわかりいただけたかと思います。

　では、そろそろ本題である「メンタリズム」の説明に移ることにしましょう。

　残念なことに日本ではまだまったくといっていいほど認知されていませんが、欧米ではメンタリストが登場するドキュメンタリーや特集番組、架空のメンタリストを主人公としたドラマや映画まで制作されるほど知られた存在です。

　ドラマの主人公たちは、メンタリズムを駆使して事件解決を図ったり、疑問を解き明かしたりしますが、私たちの場合はそれを〝パフォーマンス〟という形で人前で披露しています。

　わかりやすい言葉を使うと〝**超能力デモンストレーション**〟、〝**スピリチュアル・エンターテインメントショー**〟といった表現になるでしょうか。

　メンタリズムを構築しているのは、行動や心の動きを科学的に研究する**心理学**を中心に、**運動力学**、催眠療法で使うような**催眠**、**暗示**、**筋肉の動きや柔軟性で相手の心を読む読筋術**、シャーロック・ホームズの小説に出てくるような**観察眼**もしくは**話法**など、実にさまざまな理論やトリック、ギミックなどを織り交ぜたものです。

▶▶ マジック（手品）とは何が違うのか？

　では、皆さんがすでにご存知のマジックとは何が違うのでしょう。
　マジックの場合は仕掛け道具を使ってある物を消したり、移動させたり透視するところを、メンタリズムでは**限りなく何も使用せず**にそれを成功させようとします。つまり、マジックには欠かせない〝**仕組み**〟**による解決方法をできるだけ使わない**という特徴があげられます。
　心理誘導の基本的な原理や、観客をコントロールする手法など、マジックと非常に似通っている点、共通する点ももちろん数多くあります。ですが、メンタリストが導き出さんとする効果は、マジックのそれとは大きく異なります。
　マジックは、音楽や身のこなし、仕掛けがダイナミックであるほど、その「不思議」がビジュアルで確認できますが、心理的な現象が大半となるメンタリズムの効果の多くは「見た目」ではなく、心の奥で起きます。たとえば、他人が知り得ない過去や性格、個人の情報など、マジックではわからないことを言い当てることも可能です。

　一方、心理学との大きな違いは、「こういうタイプの人はこういう性格です」と法則が体系化されている心理学に対し、メンタリズムは**今、目の前にいる人の**〝**真実**〟**は何かを探ります。**
　人間は、そのとき一緒にいる相手や気分によって性格が変わってしまうため、「学問ではそうかもしれないが本当にそうだろうか？」と

いうスタンスから、決めつけることなく事実を確認しようという考え方。**心理学ではなく、むしろ心理術**なのです。

　心理術的テクニックに、ときにマジック的なトリックも交えつつ、最終的にマジックでも心理学でも解き明かせない超常現象的な空間を演出するショー、これが「メンタリズム」です。
　さらに言えば、単体の手法で効果があるのはもちろんのこと、複合技として使用することでより確実に、大きな力を発揮します。事実、私がパフォーマンスを行うときは、いくつもの手法を重ねて使うことによって、ほぼ確実に自分の意図する結果を導き出しているのです。

▶▶ 人間の"逃れられない"特性を味方につける

　メンタリズムで使う手法についてもう少し詳しく説明しましょう。人間には生まれながら持っている"逃れられない特性"というものがあります。
　たとえば、ドイツの心理学者であるヘルマン・エビングハウスが発見した「記憶の忘却」という理論によると、人間は怒りにしても悲しみにしても、それがたとえ幸福感であっても、20分を過ぎると忘却が始まる、つまり忘れてしまうといいます。つまり、その記憶をとどめておくには、20分以内に再び思い出すことが必要なのです。
　あるいは、右の耳と左の耳。私たちはどちらも同じように聞こえ、

どちらで聞いたことも同じ理解度で認識すると思っていますが、実は右耳から入ってきた情報のほうが納得しやすく、頼みごとをされたときに承諾する可能性が２倍高いというイタリアで行われた実験結果があります。これは、脳の位置と関係があるからなのですが（☞詳しくはＰ101参照）、その一方で、目から入ってくる情報は、**左から右へと流れるほうが理解しやすい**という特性もあります。

　日本では、縦書きの場合は上から下、右から左に流れるため、右から左の方が理解しやすいのでは？　と思われる方もいるかもしれません。ですが、街を見渡せばサインや看板、商品名はほとんどが横書き。仕事場でも、ホワイトボードを使ったプレゼンテーションや、資料、企画書などは横書きのものが多いことに気がつきます。

　ですから、目で見る情報は左から右の法則を使ったほうが理解されやすいのです。ちなみに、本書は〝視線は左から右に流れるもののほうが理解しやすい〟という特性に乗っ取り、横書きで左から右の構成にしています。

　また、子どもの頃から無意識のうちに何度も繰り返し体験し、体に染みついたパターンを頭に入れておくことも大切です。

　たとえば、何かに１、２、３、４…と番号がつけられていた場合、無意識に数字の小さいほうが優れているのではないだろうかと思うのは、私たちの脳が順位制に慣れているからです。商品名や店の名前に「一番」が多かったり、なんでもない催しでも一番を取得すると嬉し

い気持ちになるのはそのせいなのです。

　例をあげればきりがありませんが、メンタリズムは人種や性別、年齢を超えて、〝人間であれば誰でも持っている特性や習性〟を頭に入れ、それを日常生活に持ち込んで相手を操作するテクニックです。このテクニックをうまく使えば、**人と人とのコミュニケーションをスムーズ**にしたり、言葉に出していない感情を読み取ることで**相手に対する気配りができ**、その結果、好意を寄せられることが多くなったりするのです。また、ビジネスやプライベートでも**円滑な人間関係を可能**にし、**相手の懐に深く入り込んだ営業**や、劣勢だったことをひっくり返して成功を収めたりと、実に多くのことを可能にしてくれるといえます。

メンタリズムの基礎となる「観察」と「操作」

Observation and manipulation form the basis of mentalism

◆「観察」について

　メンタリズムは科学だと言いました。では、その科学でどうやって「人の心を自由に操る」ことができるのでしょう。

　メンタリズムの基礎となるのは「観察」です。
　これがしっかりできていなければ、足場を固めずにいきなり建設工事を始めるようなもの。せっかくテクニックを覚えたとしても、何もなりません。

　観察が基礎とはいうものの、私がパフォーマンスを行う相手はたいてい初対面の方ですから、〝いつもよりも声が高い〟などと比較する〝いつも〟はありません。一瞬にして観察し、その心理を読み解かなければいけませんから、まさに一瞬一瞬が真剣勝負です。

　ここでいう「観察」とは、ただ相手の容姿を見ることではありません。その人が言うこと、動作、癖、持っている物……。それ以外に、こちらが発した言葉や行動に相手がどう反応するかという「能動的な観察」も含まれます。それら**相手の反応や答えをすべて拾い、うまく組み合わせながら相手の心を読み解いていくのが鍵**です。

　こうして文字にすると、非常に高度なテクニックが必要のように思えるかもしれません。ですが、人間は複数のことを素早くしかも同時

に考え、判断し、行動できる非常に優れた動物です。
　カフェでボーッとお茶を飲みながら、煙草を吸い、明日出さなければならない企画書のことや昨日ケンカした恋人のことを同時に考えつつ、目の前に座っている不倫らしきカップルを無意識のうちにあれこれ推理している……なんて日常茶飯事ではありませんか？
　また、目の前にいる相手が緊張しているかリラックスしているか、怒っているのか、悲しんでいるのか、あるいは風邪を引いているのかなどなど、瞬時に感じ取る人もいるでしょう。
　勘の鋭い人なら、知らず知らずのうちにメンタリズムのテクニックをすでに実践しているかもしれません。

　では、まわりを見渡し、目についた人の表情を読むことから始めてみましょう。読みながらちょっと想像してみてください。
　その人は幸せそうですか？
　寝不足のように見えますか？
　見知らぬ人だとしたら、結婚しているようですか？
　どんな仕事をしている人だと思いますか？
　もちろん、あからさまにジロジロ見たり、会話のなかで反応をより多く引き出そうと質問攻めにしてはかえって警戒されてしまいますので、そこは気をつけなければいけないところです。

▶▶ 場の雰囲気を的確につかむ

たとえばこんなシーン、ビジネスでは経験したことがあるかもしれません。

初めての顔合わせ。部屋に案内されて入っていくと、何人かの人が談笑しています。彼らはすべて同じ会社の人かもしれませんし、複数の会社の人が一堂に会しているということもあるでしょう。

あなたはとりあえず挨拶を交わし、席に座ります。じきビジネスの話に入りますが、聞いていた話と違い、先方はあまり乗り気ではない様子。不景気を理由に、こちらの製品を使ってくれる気配は感じられ

ません。

　先方がどう思っているのかよくわからないまま、話を終え帰社します。「あまり好反応ではないな」ということはなんとなく感じますが、何がどうだったとはうまく説明できない。
「よくわからない」まま、かといってどうしていいかもわからず数日間を過ごし、あげく先方から「あの話は難しい」と連絡が来ます。一度きっぱり「ノー」が出たら、それをひっくり返すのは容易なことではないでしょう。
　ですが、**メンタリズムを使えば、相手の状況、感情、さらにこちら側の具体的な立ち居地までわかる**のです。

　自分にとって都合のいい結果でないとしたら、なるべく先送りにしたいですか？
　それもいいでしょう。ですが、相手の状況や自社の状況を冷静に観察することができれば、相手から「ノー」が来る前に対策を練ることもできるでしょうし、次の手を講じ、それを行動に移すスピードも早くなるかもしれません。
　事実メンタリストたちは、テレビカメラの前や、ステージの上で、常に初対面のパネラーたちの状況をその場で把握し、パフォーマンスを成功させるべく、頭を働かせているのです。

では、どのようにして状況を判断するのでしょう。
たとえばこうです。
あなたが部屋に入ったとき、そこにいた人々は談笑していました。ということは、相手はすでに顔見知りで、あなただけが初対面である可能性が高くなります。
その後、相手が立って挨拶するまでの時間はどうでしたか？ 相手はすぐに立ち上がって名刺を出すなり、握手を求めるなりしましたか？ 目線、膝や体の向きはすぐあなたに向けられたでしょうか。姿勢はどうでしたか？

あなたを重要な人物として大切に扱っていたら、すぐに椅子から立ってウエルカムするはずです。
時間がかかったり、それまでしていた話を中断せず、
「あーなるほどね。そうなんだよね」
と話を続けながら立ち上がり、「あ、どうも」と挨拶をされたりしませんでしたか？

答えが後者であるなら、残念ながらあなた、あるいはあなたの会社に対する先方の興味や期待度は最初からあまり高いとはいえません。
紹介されたので「仕方なく会っている」、あるいは「何かの〝ついで〟に挨拶だけでもしようと考えている」相手であることを肝にすえて、その後の商談を進めたほうが賢明です。

今日は挨拶がてらなので60％ぐらいの力で、次回は100％でプレゼンをしよう……などと考えていたとしたら、今すぐ「100％の本気モード」に切り替えるべきです。あなた自身が目の前にいる人たちと一緒に仕事がしたいなら……ですが。

　話を次に進めましょう。
　相手のパワーバランスを名刺の肩書きだけでなく読み取りたいなら、こう聞いてください。
「どちらの方からご挨拶させていただければいいですか？」

誰かが「では〇〇さんから」と言えば、その人物が、目の前のグループのなかでは年長者、あるいはもっとも偉い人のはずです。
　全員が顔を見合わせて「どうする？」といった微妙な雰囲気を感じたなら、全員が同じ位置にいると思っていいでしょう。

　このように、現場の状況や空気を瞬時にして観察し、正確に把握することによって、相手の立ち位置や意欲、自分側の可能性……がわかり、**正確な「操作」ができる**のです。
　場の把握ができたら、次は相手の特徴を観察してください。

▶▶ 相手のディテールをチェックする

　私はよくパフォーマンスに協力していただく観客の方にペンやメモ用紙を借りますが、これはもちろん、その人の物を借りたほうが仕掛けのないことが明白であり、パフォーマンスの信憑性が増すという意味もありますが、メンタリストはここで相手の持ち物を盗み見て、瞬時に「その人」を分析します。
　詳しくはこのあとの基礎編でお話ししますが、持っている物の色や形、年代、タイプなどなど、その人が選び、身につけている物にはその人の個性があふれています。つまり、**「物」がその持ち主の秘密を雄弁に語ってくれる**のです。

次に、その人自身をチェックしておきましょう。
　人間はいろいろな側面を持っています。自分自身を振り返ってみればよくわかるでしょう。強い自分もいれば、弱い自分もいる。状況によって、あるいはつき合う相手によって自分の性格が変わったように感じることは、誰にも経験があるはずです。そこにはグラデーションがあるのです。
　ですから、よくある心理テストのように「気が強いタイプにはこの方法で」とか、「弱い相手にはこのやり方で」……といわれても、正直に言うと当てはまることは非常に少なく、実生活で使おうと思っても難しいのです。
　心理学は、統計から平均値を算出したものにすぎません。催眠暗示に入りやすい人と入りにくい人がいるように、ある言い方をしたときにその答えに導かれる人もいれば、導かれない人もいます。メンタリズムはさまざまな学問や知識を参考にはしますが、実際は例外があることも私たちはパフォーマンスを通して知っています。

　人を観察するなら、ベストなタイミングはその人と面しているときです。挨拶の瞬間、名刺交換のとき、立つ場所……。これものちほど詳しく説明しますが、チェックポイントがいくつかあります。
　簡単なところでいうと、名刺を渡すときに自分からぐっと距離を寄せて渡す人は、自分からあれこれと人にしてあげることが苦にならない人です。行動的な人、少し強引な人、積極的な人、細かい人ともい

えます。

　人と距離を置いて立つ人は、パーソナルスペース（☞詳しくはP92参照）が広い人ですから、他人からどんどん入り込まれるのを嫌います。適度なリスペクトを持って接したほうが親しくなれるでしょう。

　メンタリズムの手法は、これまでのコミュニケーションのとり方や、心理学とも行動学とも違います。まず「観察」によって相手のことを知り、そして「操作」で相手の心に入り込み、無意識のうちに操る。パフォーマンスの場合は、できるだけ〝導かれやすい人〟を見つけ出してパートナーにしますが（そこはやはりエンターテインメントですから）、仕事や恋愛の場合は、その相手が弱くなっている〝瞬間〟や、落ちやすい〝瞬間〟、最も欲している〝言葉〟〝行動〟などを見つけ出し、その部分を活用します。対象を絞っていますから効果的なのは言うまでもありません。

　では、次にいよいよ相手を「自由に操る」、その「操作」について話をしましょう。

◆「操作」について

「観察」によってできた相手の基盤に、あなたの思い描く絵を描いていく。これがメンタリズムが欧米で「アート」と称される側面です。
　絵を描く行為は、相手を「操作」することによって可能になります。とはいっても、あからさまな操作、コントロールは反発を買うので、「無意識のうちに」が基本です。
　メンタリズムでいう操作、誘導とは「暗示」です。細かい暗示をたくさん相手に入れることによって、あたかも相手が「自分自身でこれを選んだ。これが自分のやりたいことなのだ。自分の思い通りの選択だ」と思わせる方法です。

　暗示の最たる方法に「催眠」があります。
「催眠」などと聞くと、こんなシーンを思い浮かべる人も多いのではないでしょうか。
　誰かが振り子を持って人の目の前にかざし、こう言うのです。
「あなたはだんだん眠くなる……眠くなる……」

　これは「ショー催眠」と呼ばれるエンターテインメント独特のもので、観客を盛り上げるために「これから皆さんに催眠術をかけます。一瞬でサルにしてしまいます！」などと、大げさな前振りをして行うことが往々にして要求されます。結果、舞台の上でサルになったり、

ライオンになった人をテレビなどで見たこともあるでしょう。ですから催眠と聞いたとたん、「思うままにコントロールされてしまう」と思い、警戒してしまうのもわかります。
　では、たとえばこんなふうに語りかけられたらどうでしょう。

「これまで、催眠にかかったことはありますか？」

　あなたはごく自然に「いいえ、ありません」もしくは「ないと思います」、「ええ、過去に1～2回なら」などと答えるでしょう。
　そこでさらに聞かれます。
「もしも、今かかったらどうなると思いますか？」
　そのときもあなたは「おもしろそう」とか、「できればかかりたくないですね」「わからないです。……でも、怖いかな」などと、大した抵抗感も抱かず、さまざまに答えるはずです。
　極端なことをいえば、このときのあなたの答えはどうでもいいのです。重要なのは、**あなたはすでに〝自分が催眠にかかった状態〟を想像して話している**ということなのです。
　そして、そのときの想像は、誰から強制されたわけでもない、あなたが自発的に浮かべたイメージです。自発的なものだけに、「今から催眠術をかけます」と誰かに言われるよりも、**はるかに暗示効果が高いのです。**

▶▶ ごく普通の会話で相手をコントロールする

　1980年に亡くなったアメリカの精神科医であり、心理学者でもあったミルトン・エリクソン博士は、「現代催眠の父」とも呼ばれる精神療法の権威でした。先ほど例にあげたような普通の会話をしながら、いとも簡単に催眠誘導してしまう。その繊細な言葉の使い方は彼自身が開発したものであり、芸術とすら称えられたほどです。
　彼は17歳のときに全身が麻痺し、病床につきましたが、そこでの退屈しのぎとして自分の家族を観察し、知らなかった〝言葉の側面〟について発見したと言われています。
　たとえば、自分のネクタイをゆるめながら、「この部屋はちょっと暑くないですか？」と言うと、そのしぐさに気づいた相手は、「窓を少し開けましょうか」と席を立ち、窓を開けます。
　また「窓が開いているのですね」と言うだけで、「窓を閉めてください」と同じ意味をなし、それはつまり「窓を閉める」という〝催眠をかけたことになる〟というのです。**相手に直接命令することなく、自発的に行動させる。**それがエリクソンの誘導の仕方でした。
　こういったことは日常生活のなかで非常によく見られる会話、そして光景です。ごく普通の会話、普通の行動に何かを潜ませることで、相手を思い通りにコントロールする。それが現代催眠、メンタリズムが目指す催眠の考え方なのです。

ポイントは、相手の被暗示性を高めること。つまり、催眠・暗示にかかりやすい状態に相手をもっていってあげることです。
　決して特別なことでも難しいことでもありません。たとえば、日常生活でも信頼関係で結ばれている相手の言うことだったら説得力がありますよね？　〝説得力がある〟と感じることも、被暗示性が高いということなのです。「メンタリストは、あなたの身近なところに」の項目（☞P25参照）でも話をしましたが、パフォーマンスの〝導入〟として私がときどき行うメタルベンディングは、相手が私に興味を抱き、距離を縮め、ときに親近感を生み出します。つまり、相手の被暗示性を高める効果的な方法なのです。

　また、暗示のタイミングは〝オフビート〟と呼ばれる相手の警戒心が薄れている瞬間、打ち合わせ前の雑談や、他愛もない立ち話のときがベストです。相手に暗示が入りやすい会話のスピードというのも存在します。始めは早口で概要を話し、相手が話に入り込んできたらゆっくり話を進めます。

　これが、メンタリズムを構成する「観察」と「操作」です。
　そろそろ具体的に実践してみたくなってきましたか？　説明はこのへんで終わりにしましょう。次の項目「基礎編」では、メンタリズムの簡単な使い方を紹介していきます。

メンタリズム 基礎編

相手を操る
基本テクニック

Basic mentalism to maneuver people's mind

観察で相手のマインドを探る

Reading people's mind by observation

　メンタリズムにとって、「観察」がいかに重要なポイントを占めるのか。そして、観察のベストタイミングは、その本人と面と向かっているときだということはすでに序章でお話ししました。
　では、早速「観察」のポイントと方法を解説しましょう。

▶▶ 服装や持ち物を観察する

　私たち人間は、見た目や手近にあった情報、頭で連想する事柄によって即決的に判断してしまう傾向があります。
　心理学で使われる「ヒューリスティックス」の法則とは、簡単にいうと〝経験則〟という意味ですが、見た目などパッと見てわかる簡単な情報を基準とした、個人的な意思決定の手法のこと。
　たとえば、メガネをかけている人を見て「真面目そう」と感じたり、身振り手振りや声の大きい人は「自信家」、髪を金髪に染めていれば「派手なことが好き」「反抗的」などなど、人に対するイメージは意識しなくとも自然とわいてくるものです。
　私たちは他人が自分のことをあれこれ想像することも知っています。そのなかであなたが**選んだ服や持っている物は、逆説的に考えれば、あなたが世間に対して〝こう思われたい〟〝こう見られたい〟という主張を表している**ともいえるのです。

　ですから、**ひと言も言葉を交わさなくても、人を見れば想像以上に**

多くのことがわかります。

　わかりやすいところでいえば、結婚指輪の有無。スーツを着ているなら、シャツに糊はきいていますか？　アイロンはかかっていますか？　靴は磨いてありますか？　すべて「YES」なら、結婚していて、ご主人の世話を焼く奥様がいる可能性は高いです。体型はどうですか？　トレーニングをして調整・管理しているタイプですか、それとも暴飲暴食を楽しむタイプ？　日焼けはゴルフ焼けですか？　仕事帰りでジーンズなどのラフな服装なら、自由な仕事場か、制服のある職場かもしれません。女性ならネイルや髪の色、メイクなど女性らしいことに気を使う余裕はある？　言葉は標準語ですか？

　パフォーマンスのなかで、何人かに私物を出してもらうこともあるのですが、そのときも観察のチャンスです。
　さまざまな重要情報がぎっしり詰まっている手帳や携帯電話は、自分の分身のような存在。そこには、**その人なりのこだわりが詰まっている**はずです。
　手帳の色は何色ですか？　どんなデザインですか？　女性でも黒などのメンズライクな手帳を持っている人は、キャリア志向の強いタイプかもしれません。どれぐらいの頻度で使用していますか？　予定はどれぐらい詰まっているように見えますか？
　カラフルな小物を持っている人は、明るくありたいという願望を持っています。何気なく貼っているシールがアインシュタイン博士だっ

たりすれば、天才的な人物になりたいという欲求や憧れが強い人かもしれません。
　携帯電話につけているストラップやキーホルダーにも、好きなキャラクター、人からプレゼントされたもの、おみやげなども注意深く見るとたくさんの秘密が隠れています。「こういう人」と断定はできませんが、カテゴリー分けするときの参考にはなるはずです。

▶▶ 相手の口元を観察する

　最初にその人の全体的な雰囲気、持ち物を観察したら、次に顔の表情に意識を移してください。
「目は口ほどにものを言う」ということわざがありますが、目の雄弁さはのちほど詳しく説明するとして、簡単に見極められる「口元」に着目して欲しいと思います。
　言葉を発していないときでさえ、**口はその人のマインドを実に饒舌に語っています。**

　まず、相手の口のまわりの筋肉が、どの程度緊張しているかを確認してください。あなたの話がどう聞かれているのか。相手は好印象を持っているのか、いないのか。その目安が一瞬で見分けられるのが口元です。目元のように筋肉が細かく動く場所ではないので、初心者でも観察しやすいと思います。
　もしもこれを読んでいる今、電車のなかや飲食店など人の集まる場所にいるなら、ちょっと周囲を見渡してみてください。
　本当に相手の話に興味があって、おもしろいと惹きつけられているときは、口元の筋肉が自然にゆるみ、**口が軽く開き、ときおり歯が軽く見え隠れしている**はずです。1人でいる人でも、リラックスした状態なら口元はぎゅっと閉じてはいないものです。
　その一方、**相手の話に飽きていたり興味がなかったり、不安を感じ**

ている、緊張している、同意できないなどマイナスの感情を持っている場合、人の口元はぎゅっと閉じられています。相手からの情報が入ってくることを拒んでいるサインとも受け取れます。

　不安や不満がピークに達してくると、唇はさらに内側に入ります。上か下どちらかの唇、もしくは上下ともかんで唇全体を隠してしまうこともあるでしょう。この場合は、何もコメントしないようコントロールしているのかもしれません。さらに腕組み、目をつぶるなどのジェスチャーが加われば、「あなたの話を完全に拒否します」というボディランゲージ、無言のコミュニケーションです。

いずれにしろ、相手が口を閉じる時間が長くなったら、相手に話をさせる、または話の方向転換を図ったほうが賢明です。

▶▶ 相手の笑顔を見極める

　口元の次に見やすく、一瞬で相手の思いが判断できるのは、笑顔です。

　心理学的に、人間の基本の表情は７つあるといわれています。

　怒り、悲しみ、軽蔑、幸せ、恐怖、驚き、嫌悪。

　マイナスの感情からくるものが大半です。プラスの感情は、幸せ＝Happinessだけ。人がプラスの感情を表に表す手段は、笑顔しかないのです。その**笑顔のなかにも３通りのパターンがあります。①真実の笑い、②作り笑い、③軽蔑の笑い。**

　それを見分けられるだけでも、相手の人となりがわかるのでとてもおもしろいです。

　本当に楽しい、幸せだと思っているときの笑顔は、上まぶたが下がることで細目になり、目尻にシワが寄ります。目の横にある眼輪筋が動くからです。**わざと目尻にシワを寄せようとしても、心の底からの笑顔でなければ無理**なのです。そして、頬の筋肉が目尻近くまで大きく持ち上がり、唇の端と目尻が自然と近づきます。

　これに対してマスキングスマイル、つまり〝作り笑い〟は、頬の筋肉は上がるけれども、目尻近くまでは持ち上がらず、目尻にシワも寄りません。自然な笑顔でなければ、筋肉まで動かすことはできないの

です。

　また**持続時間も、作り笑いよりも本物の笑顔のほうが長く続きます**。パッと終わるのではなく、余韻を残して顔から少しずつ消えていく感じ。とはいっても、笑顔が同じ状態で4秒以上続くと〝作り笑い〟になるといわれているので、微妙な見極めが必要です。

　最後は、**相手をだまそうとしていたり、何かたくらんでいたり、あるいは嘘をついているときの軽蔑の笑い**です。

　特徴は、片方だけにシワが寄ったり、口角が片方だけ上がったり、片目だけ笑っていたり。左右の表情が非対称になります。顔だけでなく、同時に体も非対称に動きがちです。

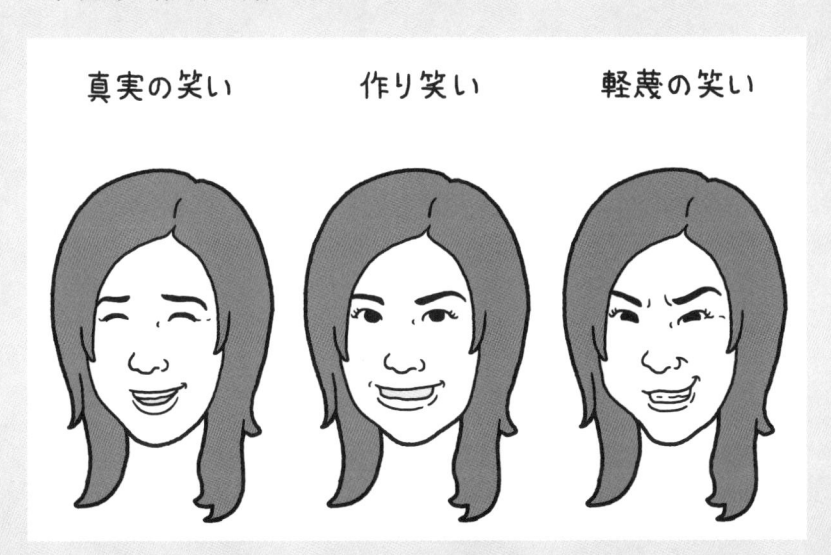

真実の笑い　　　作り笑い　　　軽蔑の笑い

本物の笑顔はあなたを力づけ、ときに安心させて、幸せな気持ちにしてくれます。作り笑いであっても、決して悪いことではありません。友達同士や家族、恋人など身近な人たちの作り笑いは少々寂しいものですが、職場やご近所づきあいなどでは、これがあるのとないのとでは大違い。物事をスムーズに進めるためには、たとえ作り笑いであっても笑顔は不可欠です。

　ただ、③の軽蔑の笑いは、相手があなたにいい話ばかりを述べるとき、口とは裏腹な情報を与えようとたくらんでいるかもしれないので、注意したほうがいいかもしれません。

▶▶ 相手のしぐさ、体の動きを観察する

　人間の動きは、すべて脳からの指令によって生じます。言葉ではあなたの話に興味ありそうなことを述べていても、体は思い切りイスの後ろにもたれかかり、指でストローの紙をまるめて遊んでいるとしたら、その言葉は信用しないほうがいいでしょう。

　人があなたの話に興味があるときは、まず前のめりになります。体が開いたような感じに見え、うなづいたり笑ったり、縦に動くことが多くなります。

　それに対して**興味がないとき、魅力的ではないと感じていたり、飽きてきた場合は、イスの背にもたれて座ったり、猫背になります。**人はやる気がなくなってくると肩が下がりますから、最初に会ったときに肩の位置のラインを見ておくとひとつの基準になるでしょう。

　相手の姿勢が悪くなったかどうかは、肩の高さで判断できます。飽きる→猫背になる→肩が下がる→相手の背景に見えていたものがずいぶん下まで見えるようになる。その人の肩が下がったことの物理的な証拠です。

　また腕を組んだり、指で紙などを丸めるなどの指遊びを始めたり、右や左に体が傾いているときも、〝興味なし〟〝やる気なし〟のサインです。

　その一方で、心を許したときに姿勢を崩すこともあります。たとえば、女性が心を許した瞬間などはピタッと閉じていた脚を崩すといっ

た具合に。その場合、好意を向けている相手に近づくように姿勢を崩すのが特徴です。興味がない、退屈している場合は反対の方向、離れるように姿勢を崩します。

　相手にとって本当に偉い人と会って緊張しているときは、背筋がピシッと伸びる……というよりは、肩が内側に入り、縮こまった感じになります。ジャケット、シャツなどのシワの寄り方でわかります。

　また、首をかしげるのは、相手があなたの機嫌をとっているしぐさでもあります。動物や人間の赤ちゃんを見るときに首を傾けて「かわいいねぇ」と言っている人を見たことがあるでしょう。それと同じです。ですから、その人がかしげていた首をまっすぐにしたら要チェック。何かに混乱していたり、聞きたいことがある、納得できないことが浮かんだ……などです。

あなたに興味がある

- 良くうなづく
- 口が開く
- 体が開く
- 前のめり

体が縦ゆれ

あなたに興味がない

- バランスがかたよる
- 指あそび
- イスにもたれかかる
- 腕を組む

体が横ゆれ

メンタリズム 基礎編 ◆ 相手を操る基本テクニック

📀「マッスルリーディング」
「How to マッスルリーディング」参照

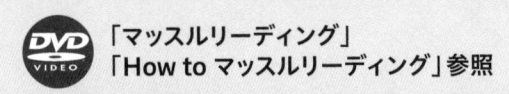

Exercise 1
メンタリストならではの「観察力」を鍛えるエクササイズ

　では、ここで練習をしてみましょう。

　DVDでも紹介している「マッスルリーディング」、筋肉を観察して相手の心を読むという技術を用いたパフォーマンスです。パートナーを見つけて2人組になって行います。

　私はヘマタイトという天然石を使って行いますが、小さい物ならなんでもいいです。それを相手の人にどちらかの手に持っても

> こちらに見えないように
> どちらかの手に
> 隠し持ってください。

らい、どちらの手に入っているかを当てる、メンタリストならではの「観察力」、また筋肉を読む「読筋力」を鍛えるエクササイズです。

　実際にやってみましょう。
　両手を後ろにまわし、物を右か左の手に持ってもらってから、両手を前に上げてもらってください。
　あなたは、どちらの手に持っているか、まず直感で決めてください。そして、こう言ってください。
「わかりました。私の直感だと右手（あなたが左手だと思った場合は左手）なのですが…」と。
　そう言ったときのごくごくわずかな相手の反応や、とても微妙な表情を見逃さないでください。
「え」という表情をしたり、「はずしたな、コイツ」という顔をしたら、反対の手を触ってこう続けます。
「でも、腕の筋肉を触った感じだとこっちの手なんですね」
　相手の表情はどうでしたか？　動揺が見られますか？　それともポーカーフェイスを貫いていますか？　最初の質問から無表情だった場合は、無視して先に進みます。
　次に「私の目をよく見ていてくださいね」と言いながら、相手の両手を上下左右に動かしてみてください。余裕があれば、こんなトークで相手をさらに誘導することが可能です。

「こうして腕に触れたり上下に動かすと、霊能力や超能力で心を読んでいるんじゃないかと思う人がいますが、実際はあなたの筋肉を読んでいます。筋肉の動きを読まれないよう気をつけてくださいね」

あなたに「見つめられている」ことで、相手はわかってしまうのでは？と多少なりとも緊張しています。ここに「筋肉の動きを読む」という情報を入れました。さらに物を持った手に力が入るはずです。

[CHECK POINT 1]
　強く握る人の場合は、血の巡りが変わります。人差し指から小指までの第2関節から第3関節の間の表面が白くなってきます。ですから、こちらに入っている確率は高いです。

[CHECK POINT 2]
　手に物を持って力を入れると、持ったほうの腕が若干高く上がり、こぶしの位置も高くなります。これは少し重くなったほうをマインドがカモフラージュしようとして、物を持った手を無意識に上げるためだと思われます。腕が高く上がっているほうに入っています。

[CHECK POINT 3]
　自分の手首の内側を見てください。4本の指を動かすと内側に走っている腱が動くのがわかりますか？　指で何かを握った場合、この内側の腱がぎゅっと引っ張られるため、手首に角度がつき、こぶしがどうしても引っ張られてしまいます。ですから、正面から見たときに手の甲ではなく、握った指がより見えるほうが、物を持っている確率は高いです。

[CHECK POINT 4]
　物を持っている手は、力が入り、緊張しています。あなたは両手で相手の両手首、または両方のこぶしを同時に持ち、「ちょっと離しましょうね」と広げてください。何も入っていない手は反応が薄いですが、持っている手は力が入っているため反応が重いです。筋肉の硬さを比べてください。

[CHECK POINT 5]
　自分の手でも実験できますが、物を握ると指の腱が引っ張られるため、手首の内側に軽く触れると跳ね返ってくるような感触が感じられるはずです。差し出された相手の手首を、あなたの中指の指先でちょんと触って確認してください。硬ければ入っています。やわらかければ入っていません。ここにうまく触れられれば、かなりの確率でわかります。

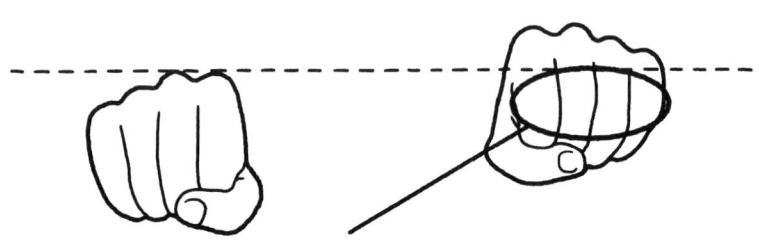

力が入っている為、
ほんのり白くなっている

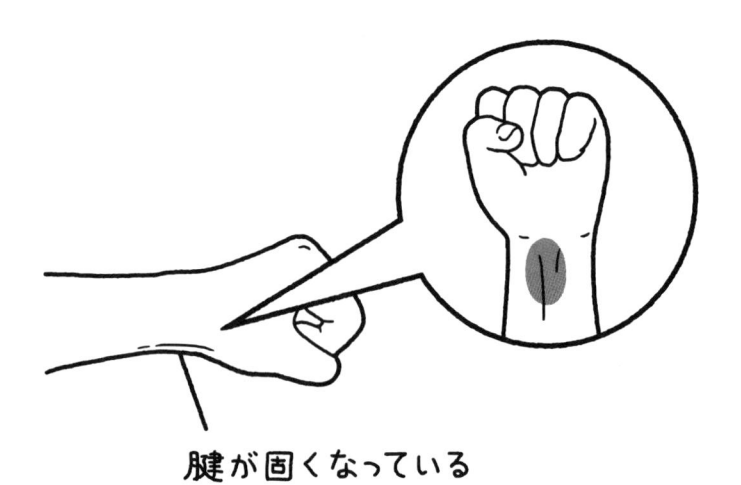

腱が固くなっている

▶▶ 相手の目の動きを観察する

　人を観察するうえで、やはり最も大切で重要なのが目の動きです。話しながら相手のことをじっと見つめる人もいれば、なかにはまったく相手を見ず、下ばかり見ている人もいます。

　人間は縦に長い動物ですから、相手が**あなた自身やあなたが話している内容に興味を抱いているとき、相手の視線は頭や胸のあたりを上下しながら縦に動きます**。一方、あなたにも話の内容にも関心がない場合、あなたを見ることなく視線は左右にゆらゆら、フラフラと揺れているはずです。

　これを読んでいる人のなかには、恋人の視線の先を見たらかっこいい男性、あるいは美人の女性がいてケンカになった……などということを経験した人もいるかもしれませんが、それぐらい**視線は正直で嘘がつけないもの**なのです。

　さらに、メンタリズムでは**「人間の思考や感情は、空間に配置されている」**と考えています。人は、物事を頭のなかで考えているようで、実は「いいものはこのへん、悪いものはこのへん」というようにイメージを立体的に空間に配置していく動物です。ですから、何かを考えたり思い出そうとすると一瞬その方向を見てしまうのです。

　たとえば、私の場合〝いいイメージ〟は左斜め１メートルほど先に。〝悪いイメージ〟は、右側の腰の前あたりに配置する傾向がありますが、

興味がある場合は目線がタテに動く

興味が無い場合は目線がヨコに流れる

一般的に人は夢や目標は遠くに置く傾向があり、悪いイメージほど近くに置くといわれています。
　悲しい思い出をひとつ思い出してみてください。どこか特定の場所を見て〝記憶を拾いに行っている〟はずです。次に、楽しかった出来事を思い出してください。無理に同じ場所で思い出そうとしないでくださいね。〝悲しい〟と〝楽しい〟の位置が微妙に違うことに気づいてもらえましたか？　自己認識の高い人のなかには、自分がいつも空間のどこを見て何を想像し、思い出そうとしているか、おぼろげながら気づいていた人もいるかもしれません。

　さて、この**空間配置を確認することができれば、相手のイメージをコントロールすることが可能**です。相手がいいイメージを思い浮かべるときに「右を見る」人だったら、「右側にあるものをプラスのイメージで受け入れやすい」ということを意味します。
　ですから、強く勧めたいもの（ビジネスだと自分の企画書など）は、相手の右側に掲げ、相手に勧めたくないもの（他社の資料など）は、相手が〝悪いイメージ〟を配置しているところに置く、見せるなどして自分の案を優位にすることが可能です。
　また、その人が〝怖いイメージ〟を左下に置いているとしましょう。その場合、左に座って話をするだけで、相手に威圧感を与えることができます。

ただ、何をどこに配置しているのかを知るには、相手の目の動きを観察するしかありません。自分で意識して配置しているわけではないので、こればっかりは本人に聞くこともできないのです。

　視線の動きについては、NLPと呼ばれる神経言語プログラミングでも研究されていますし、関連書籍もたくさんで出ています。それらを読むと記憶は左上、想像は右上に配置すると決まっているようですが、メンタリズムではこれらもあくまで統計として解釈しています。考えるときに上を向いたほうが考えが浮かぶ人もいれば、下を向いてじっとしていたほうがいい人もいます。その人それぞれで"癖"は変わるのです。

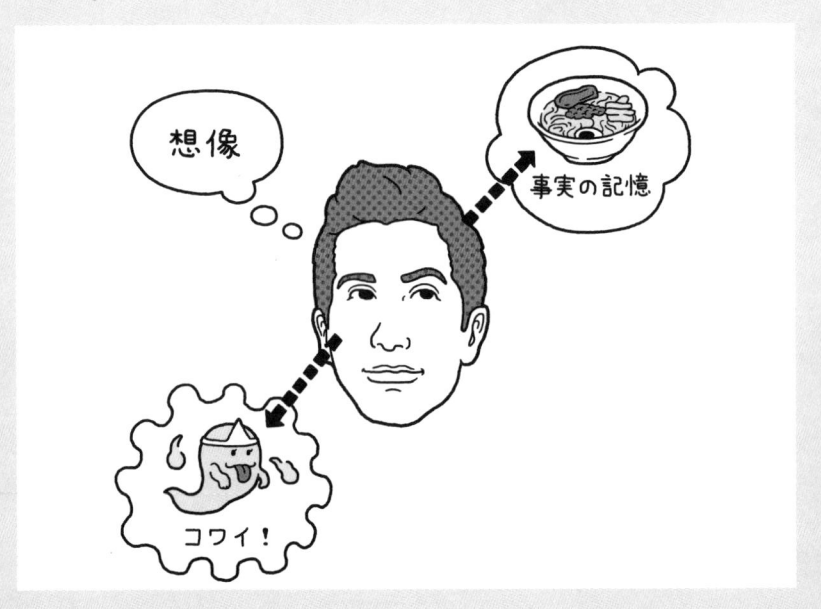

では、下のエクササイズを参考に、実際誰かに質問をしてその人の空間配置をチェックしてみましょう。あるいは、人を知るには、まず自分から。まずあなた自身が自分の「配置（アセンブリ）」を把握しておくと人の配置もつかみやすくなります。

Exercise 2
実践してみよう! 目の動きで配置を知る

　パフォーマンスを行うメンタリストは、今、目の前にいる人が"何を考えているか"を当てなくてはいけません。統計に頼るわけにはいかないのです。ですから、その人それぞれに適切な質問を投げて、相手の目の動きを観察し、癖やパターンを確認します。
　たとえばこんな具合です。
「昨日の晩御飯は、何を食べましたか？」
　これは相手にとっての過去、つまりすでに起こったこと="事実"をたずねる質問です。最初の質問で右上を見る人は、"事実"を右上に配置する人です。
「明日は何を食べたいですか？」
　これは、未来、これからすること="想像"を聞く質問です。正面寄りの左遠方を見る人は、そこが"想像"の位置です。
　この2つの質問で目の動きが違うことを確認したら、"いいイメージ"と"悪いイメージ"を聞いてみるとより効果的です。

📀「ボイスメストリー」参照

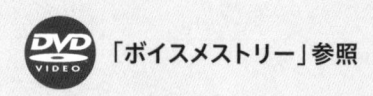

▶▶ 嘘を見抜く方法、それは「観察」しかありません

「嘘」、これが見抜ければいろいろなことがラクになると思いませんか？　もしくは、見抜けたら面倒が増えるから知らないほうがいいですか？　人にはそれぞれ事情がありますからこちらの考えを押しつけることはしません。ここでは、嘘が見抜ければいいなと思っている人に、メンタリズム的見地から嘘の見抜き方をお教えしたいと思います。

人が嘘をついているときの共通した「顔」というのは残念ながらありません。嘘をついた人が〝必ず行う動作〟もありません。心理学などでは、右上を見たら嘘をついている。左上は本当のことを言っているなどといわれるようですが、それもあくまで統計であって、あなたやあなたのまわりの人に当てはまるとは限らないのです。

この本の特典DVDでも紹介いたしました「ボイスメトリー」は、参加者の人に私物を出してもらい、どれが誰の物かを声で特定するというパフォーマンスです。参加者の人には私からごくシンプルな質問をします。

「これはあなたのものですか？」

参加者は当たっていてもいなくても「いいえ」と答えます。

ボイスメトリーという演目名の通り、声を聞き分けるものですが、もちろん誰もが「絶対に感情を声に出さないぞ。平静に、平静に」と頑張っています。ですが、私もそれなりに訓練を重ねていますから、

微妙な声の揺れ、変化、高さ、ピッチなどでわかってしまいます。

　人は普通、隠し事があるとむやみにおしゃべりになったり、嘘をついているとソワソワと落ち着かなかったり、いつもと違った行動をとることがあります。こうした行動を「動作・行動への逃避」といいます。ここではしぐさや身振りから嘘を見抜くポイント、だまされないポイントをいくつか紹介しましょう。

[CHECK POINT 1]　**アイコンタクトの長さ**

　嘘をついているときは、誰でもどこか後ろめたいものです。その後

ろめたさが、人間を〝いつもと違う行動〟へと走らせます。つまり、その人の〝いつも〟を知っておく必要があるのです。

　嘘をついているときは目が泳ぐ、相手の目をまっすぐに見られないなどといわれますが、果たして本当でしょうか。

　自分の嘘が見破られないようにあえて相手の目を直視し、アイコンタクトの時間をいつもよりも長くする人もいます。特に、女性はその傾向が強く、その女性の〝いつも〟の視線の長さを日頃から見ておくとより効果的ですが、いつも以上に目をそらさないなと思ったら、その女性が嘘をついている可能性は高いです。

　一方、男性の場合は女性に比べると気が小さく、目を合わせたものの、視線が一瞬下に落ちたり、ちらっと他のところを見てからあわてて戻してごまかそうとしたりする人は多いです。

[CHECK POINT 2]
腕組みと足組み

　腕を組んだり、足を組んだりするのは、拒絶や防御のメッセージ。特に腕を組むという動作は、「脅かされている」という感覚が生み出す自己防衛の反応です。手の動きから本心が見抜かれてし

まうのではないかと恐れて、ポケットに手を突っ込んだりして手の動きを止めようとします。相手が意識せずこのような姿勢をとっているときは、なんらかの防衛本能が働いていて、その表れであるといえるでしょう。

[CHECK POINT 3]　過度なセルフタッチ

　話の途中でセルフタッチが急に増えます。

　口の動きが見えないように口や鼻を触ったり、視線をずらすため、また不安な感情からいたたまれずに目をこすったり、鼻を触ったり、顎に触れたり、顔のあちこちを触ります。

　リラックスしているときに顔に触れることもありますが、その場合は口元に手をやったまま動かないなど、一箇所を触ったままになります。

[CHECK POINT 4]　文脈の乱れ

　「Yes」「No」で簡単に答えられる質問なのに、それで答えない。あなたがした質問に質問で返すなど、動揺は文脈にも表れます。

[CHECK POINT 5]　言動の不一致

　口では肯定的な返事をしているのに首を横に振っていたり、「浮気なんてするわけないじゃないか！」と大きなことを言いながら、腰を引けていたり、言っていることと行動が一致しません。自信を持った行動が取れないのです。

[CHECK POINT 6]　一瞬の安堵を見逃さない

　嘘をついて、それがバレないと思ったとき、人間はとてもホッとします。そのホッとした瞬間の相手のわずかな表情を見逃さないのもポイントです。

　パフォーマンスでも相手の肩を急につかんで引き寄せたり、目をのぞき込んでから黙るなど、プレッシャーを与えて揺さぶりをかけ、相手の心理を操作する手法を使いますが、ここではプレッシャー後の表情を読み取ってください。

　たとえば、「嘘なんでしょう？」と詰め寄ったときに、相手が「いや……」と言いながら、顔を触ったり、体を触ったりすれば不安な証拠です。そのあとに「そうなんだ。勘違いだったね」とか「あ、そういうことか。ごめん」と信じた振りをしてください。一度引いたときに、一瞬でも相手が安心した表情をした場合、内心では「自分の嘘は見破られなかった」という心理が働いているはずです。

　よりわかりやすいのは、「いやいや、わかってくれればいいよ」などと言いながら、相手の手が顔や体を触って動かなかったなら……そ

れは嘘がバレなかったという立派な安堵の証です。

[CHECK POINT 7]　嘘と笑い、動作の関係

　人は嘘をつくとき、笑いが出ることはとても多いです。
　たとえば、
「僕が嘘をついてると思っているんですか？　はぁ？」
などと言うときは、必ず笑いを伴っているはずです。
　怒った演技をすることもあるでしょう。ですが、その怒りの隙間に「笑わせないでくださいよ」「勘弁してくださいよ」というところで、つい笑顔が出てしまったり、「あまりにバカバカしくて笑っちゃいますよ」という言葉を利用して笑いを出すことも。
　顔がひきつるのを避ける目的で感情を抑制させ、ポーカーフェイスになる人もいますが、それと同じように笑顔を偽装して都合の悪い感情を覆い隠そうとする心理が働くのです。本当に怒っていたら、虚勢を張ったような怒り方はしないはずです。口では怒っているはずなのに、顔には怒りの表情が出ていない、もしくは遅れて出るというのも嘘のときはよく見られます。
　一般的には声としぐさ、言葉と表情は、わずかのズレでほとんど同時に表れます。そこに何らかの嘘があると、リアクションが遅れたり、逆に早くなってしまいます。
　微表情分析の世界では、人間が自分で表情や動作をコントロールできるまでに、およそ0.4秒かかるといわれています。つまり、その一瞬の間はコントロールできない本音の表情が垣間見れるというわけです。もっとも、0.4秒は私たちが体感できる間隔ではなく、FBIなどの

捜査中に、尋問時の映像をコンマ秒単位でチェックして、表情分析する場合の話ではありますが、観察に長けてきたら、偽の笑いや怒りの前の「本当の表情」をキャッチすることができるかもしれません。

[CHECK POINT 8]　下の動きで見る嘘の影

　舌をちょろっと出す動作は、嘘がうまくいったあとにする行為です。本当にごくわずかな動きなので自分自身でも気づいていない場合がほとんどですが、上唇をなめる、またはなめないまでも口内の乾燥を潤そうと舌を歯よりも前に出します。都合よく飲み物が目の前にある場合は、それを飲んで渇きを解消することもあるでしょう。いずれも、嘘がうまくいった安堵の行為です。

Exercise 3
観察のポイント メンタリズムカルテを作成する

　観察を通して相手のマインドを探る方法を紹介してきましたが、いかがでしたか？　観察の最後のエクササイズは、誰かの感情配置を観察して、実生活で使えるカルテを作ってもらいます。もちろん自分のカルテを作って、客観的に自己分析するのも有効です。

　基本の配置（アセンブリ）要素は、「いい（プラス）」「悪い（マイナス）」と「事実（本当）」「空想（嘘）」の4種類をチェックするのがお勧めです。対比するように書き込んでおくと、「口では興味があると言っているけど、本心は興味がない、NOだと思っているな」などと、相手の本音を正確に見抜くことができるでしょう。

　人間の感情は立体的に配置されますから、遠い、近いがわかるような構図を使うとさらに効果的。また4つの感情だけでなく、より細かい感情配置や、その人の癖なども入れるとさらに深いカルテになります。

　では、具体的にどんな質問を投げかけるのがいいのでしょう？

　おっと。その前に、最初からキーパーソンにあれこれ質問すると怪訝に思われますから、身近な家族や、正直に言っても嫌がられない親友などで練習を積んでから臨んだほうが危険は少ないと思います。

●いい（プラス）の位置を知る質問例
「最近、楽しかったことは何ですか？」
「好きな色（車、漫画、本、映画、国、音楽）は？」
「御社でもっともお勧めの（売れている）商品は？」

●悪い（マイナス）の位置を知る質問例
「最近落ち込んだことはありますか？」
「ライバル会社の劣っているところは？」
「いちばん怖かった思い出は？」

●事実（本当）の位置を知る質問例
「○○さんの誕生日はいつですか？」
「これだと前年比の何パーセントアップですか？」
「あなたが行った国でもっとも進んでいる
　と思ったのはどこですか？」

●空想（嘘）の位置を知る質問例
「何でもできるとしたら何がしたいですか？」
「人生最後の食事だとしたら何が食べたいですか？」
「透明人間になれたら、何をしますか？」

メンタリズムカルテを作成する
髪の分け目は
どっち側？
ホント
GOOD
BAD
ウソ
カバンを
持つ手は
どっち？
足を組む
ときのクセ
ほぼ左足が上

Column 1

てっとり早く結論に導く
会話のトリック

　勉強しても怒られる、しなくても怒られる。家庭内のコミュニケーションが常に八方ふさがりだと、育った人間に心理的影響を与えるとイギリスの研究者グレゴリー・ベイトソンが1956年に発表。それをエリクソン博士が催眠療法用に拡大させたのが「ダブル・バインド」という会話法です。訳すと「二重拘束」ですが、ネガティブな意味はないので、二者択一を迫って早く結論を！というときにお勧めです。ポイントは、お願いしないこと。「この指輪をお買いになりますか？」ではなく「プレゼント包装にしますか？　それともご自宅用？」。「いつかお家にお邪魔したい」ではなく、「明日近くまで行くのだけど、2時と5時、どちらが都合いい？」。「週末は部屋の掃除をしてね」ではなく「土曜と日曜、どの日に掃除する？」。「コピーを100部お願いします」ではなく「コピーを100部だと、今日中と明日の午前中が確実？」。限定した条件のなかで2つの選択肢を用意し、「ノー」というひと言ですませられなくしてしまう会話のトリックです。
「デートしよう」ではなく「食事に行く？　それとも飲みに行く？」。もしも「ちょっと時間がなくて」と言われたら、「じゃ、お茶だけでも軽く行こうよ」といえばさらに選択肢が広がります。

「イメージディプリケーション」参照

相手のマインドを操作する
Maneuvering people's mind

着ている服や持っている物、表情やしぐさなど、人間はあらゆるものを使って「自分はこういう人です」「今はこういう気持ちです」と〝外界〟にアピールしています。ですが、ずいぶん長いこと同じやり方を続けてきたために、あまりにも無意識になっていることが実はとてもたくさんあるのです。

メンタリストは、その優れた観察力を通じてその人が発するメッセージをキャッチし、無意識のなかで相手を操ることが可能です。

付属のDVDに収録されている「イメージディプリケーション」というパフォーマンスを見てもらえればわかりますが、パートナーになってくれた女性は、私が彼女とまったく同じ絵をしかも同時に描き上げたことに驚き、「どうして私がこの絵を描くことを知っていたのですか?」と不思議そうにたずねました。

正確にいえば、私は「知っていた」のではありません。**私が彼女にあの絵を「描かせた」**のです。

「〜させた」というとずいぶん強引なイメージがありますが、もしも**相手の無意識に暗示を入れ、あたかもその人自身が〝考え〟、〝選び〟、〝決断した〟ように思わせ、はたまたあなたに〝好意を抱く〟ことまで操作できる**としたら、どうでしょう。〝強引〟とは真逆にある優雅ともいうべきその手法は、まさに欧米でメンタリズムが「アート(芸術)」と賞賛されるゆえんです。

誘導や操作の方法はいくつもあります。本書で紹介するものは難しい手技などひとつもなく、手品グッズを買って覚えるよりも簡単です。ですから、もしもひとつの手法をマスターしたら、ぜひ複数のテクニックを覚えて、重ねて使ってみてください。パフォーマンスとして友達に披露するのもいいですが、実生活で使えるまでになったなら、必ずや魔法のような結果を導き出してくれるはずです。

　では早速、簡単かつ具体的な誘導・操作のテクニックを紹介することにいたしましょう。

◆手の動きでコントロールする

►► 手で特定の物を強調する

　体の部位のなかでもっとも機敏に動く「手」は、非常に便利で効果的な道具です。何気なく他のものを隠す、あえて触れてその存在を強調する、指を鳴らして注意を引く……。体の一部を使っていますから、最も怪しまれずに相手を誘導することが可能です。

　たとえば、あなたが営業マンでどうしても進めたい企画Aと、内容は大きく変わらないけれどあまり乗り気でない企画Bがあるとしましょう。クライアントの前に2通の企画書を並べ、いつもの方法で説明し、商談を進めます。話した感触だと、クライアントはどちらも同じぐらい興味を抱いている様子。これはチャンスです。

　商談の最後に、「どちらの企画がお好みですか？」と相手の目を見ながら聞いてください。その「どちらの……」と言うときに、それまでテーブルの上に手を出していたなら一度引っ込めて、改めて出してから**あなたの決めたい企画書に軽く触れる**のです。

　やることはこれだけです。

　これで相手の視線は、自然とあなたの思惑どおり企画A案に吸い寄せられるはずです。

　人間には自分で選択したい、コントロールしたいという共通する願望があります。ですから、相手からいろいろ説明されても、たとえ泣

き落としにかかっても、自分で選択することで満足感を得ます。これはその一面を逆手にとった手法です。最初はドキドキするかもしれませんが、練習を重ねるうちに相手の目を見ながら自然と目標とするものに触れるタイミングがつかめるようになるでしょう。

どちらになさいますか？

何気なく手を添える

プラン B

▶▶ **手で相手の視界を遮る**

　人間は、目に見えている物事の情報に無意識のうちに左右されます。下の図を見てください。

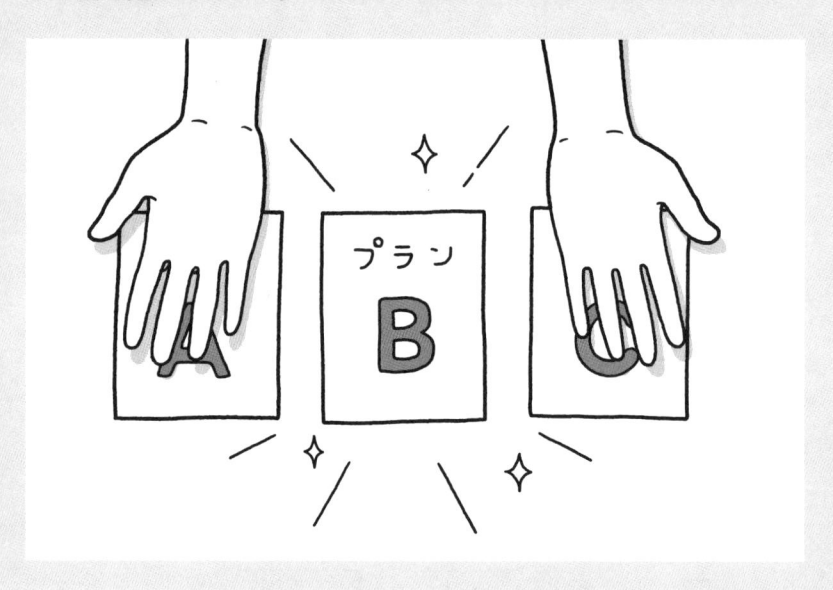

　あなたの目の前に３つのプランがあります。説明はすでに聞いている、と仮定しましょう。
「夏休みを過ごされるのに、どのプランになさいますか？」
　旅行会社のセールスマンがそう言ってプランを再度示します。
　３つのうち、全体像が見えているのはひとつだけ。あとの２つはセールスマンの手で影になっています。

あなたが選択したのは、真ん中にあったBのプラン。
　まさにセールスマンの思惑どおり……と言ったらあなたは驚きますか？　**人がいいイメージを抱くのは、たいてい全体像が見えているもの**です。何かの影に隠れていたり、別の物と重なりあっていたりすると、その見た目によって〝何かが隠されている〟と脳が勝手に判断し、**無意識のうちに不信感を抱いたり、いいイメージを抱かなかったり**という勘違いが起こります。

　あなたが意識していないところでも、脳はさまざまなことを驚くほどのスピードで勝手に判断しています。意識しなくても道の端に置いてあるバイクにぶつからずに早足で歩けたり、距離感を考えなくとも箸を伸ばせば望む食べ物がつかめて、鼻ではなくちゃんと口に運べたり。自由に素早く動けるのも、まさに脳のおかげです。
　その一方、脳はたくさんの勘違いも引き起こします。そのひとつが、視覚に対する過信。目に映るもの、目で確認した事柄に引っ張られてしまうのです。その特性を利用して、**便利な道具である手で目の前のものを隠したり影をつける。それにより「選ばせない」という「操作」が可能**となるのです。

▶▶ 手を使って、相手の記憶にアンカーを入れる

　アンカーとは、船を固定するいかりのこと。ある条件に基づいて相手の記憶のなかにいかりを降ろし、感情を操作するテクニックです。そう聞くと難しそうですが、覚えてしまえば簡単です。
　行動科学の先駆者であるイワン・パブロフが発表した、「パブロフの犬」の実験をご存知ですか？　ベルを鳴らしてから犬にエサを与えることを一定期間繰り返すと、犬はベルを鳴らしただけで唾液を出すようになるという条件反射の実験です。私の実家には猫がいますが、エサの時間でなくても家人がお皿を持って廊下を通ると、一目散にダッシュして、エサをもらう場所に先回りして座って待っています。つまり、猫にとっては、**ある特定の場所（廊下）で〝お皿を見る〟ことがアンカーとなり、それは「ゴハン！」というとてもいいイメージにつながっている**のです。

　あなたがお皿を持って廊下を歩くだけで、会社の上司が喜んで同じ場所で座って待つようになったら……あなたの人生はまるで違うものになるでしょう。これはかなりハードルの高い誘導と操作が必要ですが、これから紹介する手法は、あなたが誰かにアンカーを植え付け、その相手の条件反射を促すのが目的です。
　アンカーには、ある一定のパターンを作っておくことが大切です。仮に、「いいイメージね」を伝えるときは必ず手を軽くポンポンと2

回叩き、「悪いイメージ」を伝えるときは毎回、髪を両手でかきあげることにしましょう。

　あなたはマンションの自治会に出席しています。「今日はいい天気ですね」と言いながら、手をポンポン。「近所のマンションに泥棒が入ったの」と聞けば「嫌ねぇ」と髪を両手でかきあげます。そんなふうに何度もポンポンと手を叩き、髪をかきあげるうち、周囲も**あなたが手を２回叩くと「いいイメージ」、髪をかきあげると「悪いイメージ」**というアンカーを認識するようになるのです。

　いよいよ、この日のメインである「空きスペースに花壇を設置するか、コンクリートにして自転車置き場にするか」の話題になりました。花壇賛成派のあなたは花壇の話が出るたびに手をポンポンと叩きます。そして「自転車置き場にするのはちょっと……」と、その話が出るたびに髪をかきあげます。

　これで、その場にいた人たちの無意識のなかに、花壇＝良い、自転車置き場＝悪いというイメージが植え込まれたのです。「マンションのために〝良い〟選択をしましょう」と多数決をしたら、おそらく花壇が選ばれるでしょう。このように１対１でなくても、最初からアンカーをしっかり植えつけられれば、相手が多数でも感情操作は可能です。

「メンタルフォース」
「How to メンタルフォース with マルチプルアウト」参照

Exercise 4
相手に狙いどおりの物を選ばせるエクササイズ

用意するもの：小物3つ（例／携帯電話、手帳、財布など）
準備：3枚のメモ用紙に、それぞれ「あなたは○○を選ぶ（○○は各アイテム名）」と書く。隠れる程度に小さく折り、それぞれのなかにはさむか、見えないように下に隠しておく。

　ゲームのように楽しみながらメンタリズムの「操作」を習得するエクササイズです。マルチプルアウト＝多様な出口、逃げ道という意味を持つパフォーマンスで、そもそも〝抽象的な言葉を使って信憑性を高める〞という自称占い師や詐欺師に使われるテクニックです。誘導技術を練習するためのエクササイズですから、失敗してもリスクのないようにどのアイテムにも正解といえる仕掛けをしておきます。
　まず、パートナーを務めてくれる相手にこう言ってください。
「目の前にあるこの3つの物を見て、どれでもいいのでひとつ選んでください。それをすでに私は予言してあります」
　相手の人がたとえば「手帳」と言ったら、「手帳ですね。大丈夫ですか？　変えなくてもいいですね」などとそれらしく確認し、「では、手帳を取って、確認してください」と言いましょう。
　手帳を取ると、そこには「あなたは手帳を選ぶ」と書かれた文

字が書いてある……というわけです。
　手品なら、どれを選んでも「当たり！」ということになりますが、〝あなたが思うものを相手に選ばせる〟のが練習ポイントです。「目の前にあるこの３つのなかから…」と言いながら、選ばせたいものに相手の視線を誘導（☞詳しくはP84参照）、選ばせたいもの以外を手で隠したり（☞詳しくはP86参照）してみてください。

　腕が上がってきたら、「目をつぶり、心のなかで決めてください。一度決めたらそれは変えないで」と言い、「あなたが選んだのは手帳ではありませんか？」と言いながら目をつぶった相手の手に手帳を乗せたら……相手の驚き度はさらにグンとあがるでしょう。
　また、手による操作をするだけでなく、言葉（☞詳しくはP108参照）や声（☞詳しくはP118参照）を使っての操作など、他の手法を重ねて使えば成功度はさらに上がります。
　相手に狙い通りのものをどれだけ選ばせられるかが、あなたのメンタリストとしての実力度を示しています。遊びではなく、ビジネスなどでは大いに活用できるテクニックですので、日頃から使えるようにぜひ練習してみてください。

◆スペース・空間をコントロールする

▶▶ 空間を味方につけて親密性を高める

　人間には、心理的に作り出される「個人的な空間」が存在します。「パーソナルスペース」とも呼ばれ、なんの前触れもなく他人がそこに入ってくると、イラッとしたり、落ち着かなかったり、違和感を覚えるという性質を持っています。「縄張り」という考え方でいえば、人間に限らず動物はほとんどそうですね。
　逆に、人の距離感を見てその関係性を予測することも可能です。
　昔、友人の男女が今までよりもずっと近い距離で話しているのを見て、「あの2人、つきあい始めたんだな」と気づいたことがありますが、距離感はそれほど人間の関係性や心の距離を正直に示してくれます。
　アメリカの文化人類学者エドワード・T・ホールが大別したパーソナルスペースによると右の図のようになります。

75～120cm：両者が手を伸ばせば指先が触れ合える距離。十分に打ち解け合ってはいない知人と会話をする距離感
45～75cm ：相手を捕まえられる距離
15～45cm ：頭や腰、足などが簡単に触れ合うことはないものの、親しい間柄にある相手と会話を行うような距離
0～15cm　 ：スキンシップや抱擁など、身体的な接触を行ってもいいと思えるごく親しい相手との距離

メンタリズムの実演では、以下を参考にします。
0〜45cm　：親密距離、信頼関係ができ、暗示が入りやすい
45〜75cm　：仕事距離、こちらを伺っている
75〜130cm：警戒距離、拒絶、または防御

　パーソナルスペースは、「入り込まれると不快に感じる距離」と言いましたが、これを逆に利用して**物理的な距離を縮めることで相手との親密さを深めることも可能**です。

　もちろん、やみくもに近づけばよけい警戒されてしまいますし、相手が人と距離をとりたいタイプなら、通常よりもスペースを広くとったほうがよいでしょう。統計をうのみにするのではなく、相手のパー

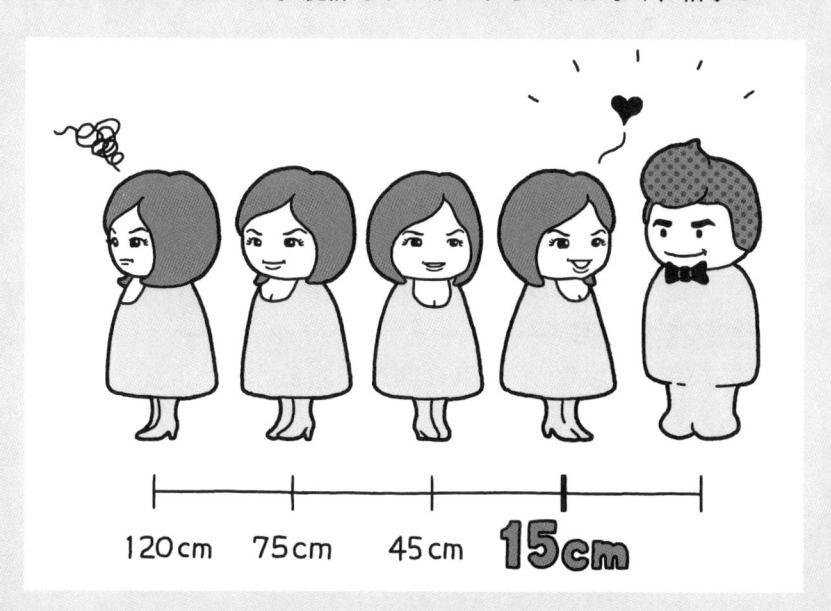

ソナルスペースを見極めること。そのうえで**いかに自然に相手のテリトリーに入り込むか、また自分のテリトリーに相手を招き入れるかがポイント**です。

　会話のなかで相手から肯定的な反応が多く出てくるようになったり、あなたに興味を持っていそうだなと思ったら、75cmから45cmへと距離を縮めてみましょう。ただし相手が壁を作ったり、ちょっと引いたなと感じた場合は、あなたも引かないと厚かましいヤツだと思われてしまいます。まさに間の読み合いが重要です。

　余談ですが、人間は何か後ろめたいことがあるときに近づかれるとドキッとするものです。たとえば、浮気がバレそうなときに彼女や妻にグッと近距離に来られると、まるで自分の内側に入られてすべてを見られてしまうような恐怖を感じるのです。都合が悪くなると腕を組んでバリアを作ったり、反り返ったり、イスに寄りかかったりするのはそのせいなのです。

Exercise 5
人との距離感を、グラスの距離で測る

　好きな人や近づきたいと思う人、あるいは近かったはずなのに今は遠く感じてしまう人がいるのなら、試しにその人の飲み物が入ったグラスの近くにあなたのグラスを置いてみてください。

　口を直接つけるものであるグラスの位置は、その人たちの心理

的距離感を代弁しています。相手のグラスにあなたのグラスを少しずつ近づけていったら、相手はどうしますか？　特に動かさず、しかも相手が飲み物を飲んだあと再びあなたのグラスの近くに置いたなら、あなたのそばにいてずいぶんリラックスしていられることを意味します。グラスが近くなればなるほど2人の心も近く、相手が早々にグラスを動かしたならそれほど近いところにはいないことを示しています。

　親しくなりたい相手がいたら、グラスを根気よく近づけて、相手が動かさなくなった頃に告白するのも手です。物理的距離を縮めてから、心の距離を近づけるのです。

　また「最近、何かおかしいな」とか、距離が遠くなったなと思ったときにグラスをあえて近づけてみるのも効果的。後ろめたいことがあるとき、気持ちがどこか離れているときはさりげなくグラスを離すでしょう。

▶▶ 物の配置で印象を操作する

　人間は頭を上げるだけでポジティブな選択をしやすくなるという実験結果があります。下に置いたモニターで何かを選択をするよりも、上を向いて選んだほうが否定性が少なくなるそうです。まさに「上を向いて歩こう」は科学的に検証された行動なのです。

　つまり、**普段は何気なく置いている物も、その空間を意図的に利用すれば印象までも操作できる**ことになります。たとえば、2つのものを見せる場合、高い位置で見せたもののほうがプラスのイメージを持ってもらいやすいといえるわけです。
　事実、私のパフォーマンスでは人に物を選んでもらうことが多いのですが、「どちらでもいいですよ」と同等の物を見せると、上にあるほうが選ばれる確率は高いといえます。

　プレゼンなどで使うホワイトボードでも、空間操作は可能です。たとえば、あなたの企画を紹介する前に、すでに発売されている商品のよい面と悪い面、あるいはプラス面とマイナス面を列挙してください。よい面は右側に、左側には悪い面を書きましょう。
　すると、その場にいる人にはなんとなく**右側はプラスの情報で、左側はマイナスの情報であるというイメージが植えつけられる**のです。あなたの提案を紹介するときは、概要、目的、メリットなどを何気な

くボードの右側に書いてください。そうすれば、露骨に主張しなくても、**あなたの企画は「プラス」のイメージで受け止められる**ことになります。

　そもそもホワイトボードには〝よいイメージ〟も〝悪いイメージ〟もついてなどいません。でも、空間を仕切り、繰り返しイメージづけをすることで、知らず知らずのうちにこちらの意図するとおりの情報やイメージが刷り込まれていくのです。

▶▶ より多くの情報をさりげなく見せ、印象づける

「見れば見るほど、好きになる」などとよく言われますが、これは〝接触する回数が好感を誘導する〟というアメリカの社会心理学者ロバート・ザイアンスが発表した「単純接触効果」の作用です。「ザイアンスの法則」とも呼ばれ、五感刺激の繰り返しが〝慣れ〟となり、やがて〝好意〟につながるのです。人に何か選ばせたい物がある場合は、その情報を事前にたくさん見せることがポイントです。

たとえば、まだ正式に見せられる段階ではないけれど、取引先から頼まれたロゴの仮デザインができあがっていたとしましょう。それを先方との別の会議の席にクリアファイルの一番上に入れて持参してください。その話題には触れずとも、先方の目に何度か触れるようにしておくのです。後日そのデザインを見せたとき、すでに潜在意識に入っているので好感度が高くなるという具合です。

Exercise 6
1枚のシートを最後まで目立たせ選ばせる方法

いくつかあるシートや物のなかからひとつだけを印象づけたいとしたら、私がよく写真を選ばせるパフォーマンスで使うテクニックを紹介しましょう。

たとえば、3枚のプランシートがあるとします。それを数える、

相手

② ① ③

②の書類が最後に
残って見えるように
③は手でうまく隠す

　または確認する振りをしてテーブルの上に並べてください。一列にきちんと置くのではなく、右のイラストのようにあえて少しずつ重なり合うように置きます。
　これで②のシートは相手の近くに置かれ、さらに斜めになっていることで相手の印象も引っかかりやすくなりました。③のシートもすべての面が見えているので印象に残りそうですが、あとで

重ねるときに手で隠れてしまうので先方の目からは見えにくくなります。

　では、シートを左右から寄せ集め（そうすると②のシートの頭が飛び出るため、上部に企画名や商品名を入れておくとより効果的）、③のシートを手で覆うようにして自分のほうに引き寄せます。ここで、揃えると見せかけて相手に②を1枚だけ見せているのです。

　結果、他のシートに比べて3倍以上の情報が相手に見えていることになります。書類などを重ねた一番上に②のシートを移動しておくと、さらに強く印象づけができるはずです。事実トランプのパフォーマンスでこの方法を行うと②のカードが選ばれるのは実証ずみです。

　ここで紹介しているのは、単なる一例にすぎません。ただ、単純な書類の見せ方だけで相手の印象を操作することが可能なのです。あなたが印象づけたいものは何ですか？　選ばせたいものは何ですか？　内容や質だけでなく、プレゼンのあらゆる瞬間にも暗示のタイミングは潜んでいるのです。

▶▶ 目や耳の特性を利用して要求を通しやすくする

　音や声は、「両方の耳から同じように聞こえるもの」と思っていませんか？　これについては、興味深い結果が出ています。

　耳から入る音はそもそも脳のなかで別々に処理されるらしく、人は**右耳から入ってきた声や音を優先する傾向がある**のだとか。さらにイタリアの大学が行った新たな実験では、右耳から会話を聞いたときのほうが左耳と比べて行動に移す割合が２倍になるという結果が出たそうです。その理由を「脳は左半球が積極的感情に、右半球が否定的感情に同調しており、右耳から入ってきた言葉は頼みを受け入れやすい左半球に送られるのではないか」と結論づけています。

　つまり、**大切な話や頼みごとは相手の右耳に向かって話すと効果的**だというのです。

　一方、視覚の場合は、左から右に流れるもののほうが"正しい"、"しっくりした感じがする"のだそうです。これは、いうまでもなく横文字からきた慣習ですが、横書きは左から右が正しい読み方だと教えられてきたため、真実として潜在意識に組み込まれているのです。そして、それに反するものは認知的不協和という社会心理学の理論に基づき、脳が違和感を覚えます。

　これは「横書きのほうが読みやすい」「横書きのほうが自然」という若い世代が増えた今、有益な情報だといえます。仕事のプレゼンな

どで相手に説明する場合は、**相手の右耳に向かって話しかけ、視覚的には相手の左から右に動かしたほうがより効果的**なのです。もっとも、そこにばかりとらわれてあちこち移動したりバタバタしていると、「いったい何をしているんですか？」ということになるので十分気をつけてください。

Exercise 7
左から右への法則を使ってプレゼンを有効に

　人前で話をするとき、少しでも動けるスペースがあるならぜひ実践してほしいエクササイズです。横書きの文字が書かれたホワイトボードなどが使えれば、説得力はさらに高まります。

　あなたがやることは、(相手から見て)部屋の左から話を始め、歩いて移動し、右側で終えること。この単純な動きによって、トークの開始、中間、終わりを「正しい」と認知される左→右のルールに落とし込むことができるのです。あなたの話も、理路整然としていて説得力が高い話として思い出されることでしょう。

　さらに、話の途中であなたが強調したいところにきたら、今度は手を(相手から見て)左→右に動かします。その逆の効果が欲しいときは、話のなかで何気なく右手を(相手から見て)右→左に動かすと、相手が不快感を覚えることになるでしょう。

◆時間をコントロールする

▶▶ 時間を味方につけて相手の記憶をコントロール

　人と話をしているとき、うっかり口が滑り「しまった！」と思う、そんな経験は誰にでも1度や2度はあるでしょう。そんなとき、皆さんならどうしますか？

　謝る、素知らぬ振り、ただオロオロと小さくなる……。どれをとってもあまり効果的とは思えません。メンタリズム的にいうなら失言後の対処法を考えるより、**失言した記憶そのものを消してしまえばいいのです。**

　記憶を消す？　魔法使いじゃあるまいし。

　そう思うのもわかります。そもそもこの発想、〝度忘れはなぜ起こるのか〟という疑問から始まりました。科学的知識を使って、〝度忘れ〟を意図的に引き起こしたら……？　そう。記憶は消えるのです。

　あなたは久々に会った友人とカフェに入りました。カフェオレを頼み、昔話に興じます。しばらくしてウェイトレスがやってきて、あなたの前にコーヒーを置こうとしました。

「あれ？　コーヒーじゃなくて、確かカフェオレを頼んだと思うんだけど……」

「あ。すみません！　すぐにお取り換えします」

　そう言ってウェイトレスは下げようとします。が、あなたは「いや、

やっぱりコーヒーでもいいですよ」と、気持ちを切り替えてコーヒーを飲むことにしました。
　ひと息ついた頃、あなたは言います。
「あれ、なんの話をしていたんだっけ？」

　これは、**印象的な２つの記憶にはさまれた部分はすっぽりと抜け落ちてしまう**という、「ストラクチャード・アムネジア」と呼ばれる現象です。
　コーヒーが登場したことで、あなたの記憶はカフェオレをオーダーした時点まで引き戻されました。そこで、①カフェオレを頼んだときの記憶、②違うものが置かれたという記憶、この際立った２つの間にあった記憶が消えてしまったのです。これが、「度忘れ」の原理であり、**この状況を意識して作り出すことで、失言を「なかったこと」にしてしまえる**というわけです。

　ですから、失言後はその前にしていた話となるべく関連性のある、かつ印象的な話をすることが必要です。そして、失言した内容については一切触れず、「20分たつと記憶の42％は忘れてしまう」という人間の記憶の法則を利用するのです。
　忘れてはいけないのは、動揺を見せないこと。今までスムーズに話していたあなたが突然**動揺して話し方に乱れが生じれば、かえって相手の記憶に残りやすくなってしまいます。**

ここは「人間の記憶は、20分後には半分くらいは忘れ去られてしまうものだ」と、いい意味で開き直り、あくまでも平然と話し続けることが賢明です。

Exercise 8
相手の言葉を封じる、インタラプションのエクササイズ

　相手が口を開きかけた瞬間、その動作を遮ってあなたが先に何かを言ってみてください。
「そういえばうちの親がよろしくって」
「今日の気温、○度だって！」
「○○に新しい店ができたよ」
　どんなことでもいいのです。これも意図的に相手の度忘れを引き起こす方法です。
　タイミングがちゃんと合えば、相手の健忘を引き起こして、あなたのペースに持ち込めます。浮気がバレそうになったとき、あなたにとって都合の悪い話題になりそうになったときなどに有効だといえるでしょう。
　その話を20分間引っ張れれば、相手は何の話をしようとしたかすら忘れてしまうという現象が起こり得ます。
　ただし、タイミングがうまくいかず、「こっちが話そうとしているのに！　黙って聞いて！」と、よけい怒られる結果になっても私のせいではありません。

▶▶ 記憶を操作して、カリスマ性を演出する

　人間の特性や習慣について、日頃からいろいろと考えたり分析していると、おもしろいなと思うことに数多く出合います。

　たとえば、**人は自分の性格について誰かに話したとしても、誰にどういう話をしたか、よく覚えていない**という点です。出身地や、知り合いとのエピソードなど、もっと具体的で事実に基づく内容は誰にいつ話したのか意外ときちんと覚えているのですが、自分の性格に関してだけは別もののようです。

　メンタリズムでよく使う「タイム・ミスディレクション」というテクニックは、**時間を利用して相手の記憶を勘違い**させてしまいます。通常「ミスディレクション」は空間的に使うテクニックで、左手の動きに注目させないためにパッと勢いよく右手を出し、そっちに人の視線を集中させるのです。マジックの基本ともいえる手法ですが、メンタリズムではもう一段複雑で、目の前の人に「私の目を見てください」と言いながら、実は私たちはその隣の人を観察します。自分の番ではないときの正直な表情、心理をこっそりチェックするのが狙いです。

　話が横道にそれましたが、これを時間に応用したものが、タイム・ミスディレクションです。時間をおくと、人は自分が何を話したのか忘れてしまいます。自分の性格についての話であれば、なおさらのこと。というのも、人は誰にも二面性があり、性格はそのグラデーショ

ンのなかで常に揺れ動いています。つまり、そのときの**気分や状況次第で〝自分が考える自分の性格〟も変わる**のです。

　ですから「この前、自分の性格はこうだと言っていたよね」と言われても、そのときの自分の感覚が違えば「そんなこと言ったっけ？」となるのです。

　そこで、その人の性格を元に推測される考えを、さも自分の意見のように話してみてください。すると、相手は**「この人は私とよく似ている」、もしくは「自分のことをわかってくれている」と勝手に錯覚**してくれます。

　また、本人と性格の話になったときは
「こういうときはこうする性格だと言っていたよね？」
　ではなく
「キミの性格からすると、こうするよね」
　と、あなたから見た解釈に置き換えてください。相手はそんな話をした記憶がないわけですから、まるで自分のことを見抜かれたように感じます。また、同様の何気ない会話を広く交わすことで、「他人の気持ちがわかる人」として人からの信頼も得られ、ある種の**カリスマ性すら演出することができる**のです。

◆言葉でコントロールする

▶▶「あえて言わず」に、相手の選択を操作する

　章の冒頭で〝脳は視覚にだまされる〟という話をしましたが、人をだますのは〝言うこと〟だけではありません。**〝言わないこと〟で相手の勝手な解釈を募らせ、それによって操作することが可能**なのです。これは非常にメンタリズム的テクニックだといえます。

　私たちが組織する「CALL³（スリーコール）」というメンタリズム研究会があるのですが、その１人（いつも私と行動を共にしているむらやま氏のことです）に私がしばらく心を閉じて意固地になっていた時期がありました。そこで彼はもう１人のメンバーであるKOU☆氏に相談しました。「DaiGoをどう扱ったらいい？」と。すると、KOU☆氏はこう答えたそうです。
　「むらやまさんはすべて話しすぎるんですよ。『こういう状況はよくないから、こうしよう。僕も改めるところはあるけれど、DaiGoもこうしたほうがいい。反論ある？　ないよね』と。彼はおそらく家に帰ってからも釈然としないはずです。『言ってることは正しいけど、どこか言いくるめられている気がする。図星だからよけいむかつく』と。僕だったら、彼が反発したらあえて何も言わずに黙るでしょう。むこうから何か言ってきても答えず、彼に考える時間を与えるのです。

〝さっきのは何がまずかったんだろう。どこで怒らせたのかな〟と。正しい答えを与えすぎるのも非効果的です。7割から8割だけ話して、相手に答えを出させなきゃ」と。

　このやりとりを聞いて、我がことながら「相手に答えを出す余地を与えて操作する。これは効果的だな」と思いました。これは「ツァルガイニク効果」といって、テレビ番組がいいことろでCMに入ったり、次回に持ち越されたりすると、どうしても続きが見たくなるように、完了していない出来事に対する印象というのは強くなるのです。

　事実、パフォーマンスでもいくつもあるなかからひとつ選んでもらうとき、あえて説明しないことでそれを選ばせる手法があります。「この指輪は私がメンタリズムのテクニックを駆使して細かく曲げて作ったシルバー細工です。この本は、今注目される新進作家である○○さんの何作目の小説で、出版されたのは……」

　そして、ひとつだけ「これはシャープから出ている携帯電話です」というひと言にとどめ、次のアイテムに移るのです。そうすると、私がしつこく説明したものはまるで選ばれず、何も注釈を加えなかった携帯電話が選ばれるという不思議な結果が導き出されます。

　特に、あまのじゃくやひねくれ者、人に指図されるのが嫌いで何事も自分で決めたい人はその傾向が強いといえるでしょう。

　また、消音法を使った方法も効果的です。

「1、2、3…5、6」

　誰かがこう言ったら、あなたは「4」の存在がとても気になりませんか？　どうして言わないの？　何か特別なの？　裏があるの？　引っかけなの？　これはそんな心理を利用して、「4」を選ばせたいときに使われるテクニックです。

Exercise 9
周囲のあまのじゃく度がわかるエクササイズ

　パフォーマンスとして成立しなくてもよいので、いくつかの小物を見せて、「あえて言わない」また「消音法」やひとつだけ高い音で発音、説明するなどのテクニックを使ってあなたのまわりの人にどれかひとつ選んでもらってください。

　頑固といわれる上司や部下、へそまがりの恋人や素直だと評判の友人……。この手法はあまのじゃくやひねくれ者が引っかかりやすいといいましたが、意外な人が意外な反応を見せることに気づくかもしれません。

　それまで知らなかった一面を楽しんでください。

▶▶ 相手の返事を自在に操る「YESセット」

　突然ですが、子どもがよくやる「10回ゲーム」を知っていますか？
　10回続けて「ピザ」と言ってもらい、その後すぐに肘を指して「ここは？」と聞くと、相手はつい「ヒザ」と言ってしまう。これは「ピザ」という発音を繰り返したことのよる慣性の仕業です。
　営業を経験した人ならすでに慣れ親しんだ手法かもしれませんが、**「イエス」と答えるような質問を繰り返し、肯定的な反応に相手を慣れさせてしまう**手法があります。

　たとえば、こんなふうです。
「今日はいいお天気ですね」
「そうですね。よく晴れましたね」
「気温も、ポカポカしていて過ごしやすいですし」
「確かに、このくらいの気候がいちばんですよね」
「こんないいお天気だと、仕事しているのがもったいなくなってきますよね？」
「本当ですね」
「で、今日はせっかくだから、この件を詰めちゃいましょうか？」
「ええ、そうしましょう」
　ポイントは、相手が絶対にイエスという質問を投げかけること。必ずしもプラスの内容である必要はありません。「最近の若者は海外旅

行に興味がないらしいですね」「○○の売れ行きがイマイチ伸びないみたいですね」など、マイナスの要素を含んだ否定表現でも大丈夫。「イエス」を何度か繰り返して相手がそれに慣れると、そのあとに否定的な答えが予測される質問をしても、**その流れを急に覆して「ノー」とは言いづらくなるのが**〝慣性〟のトリックです。

　相手の「イエス」がうまく続いたら、タイミングを見計らって質問の方向性を変えましょう。なんとか女性とのデートにこぎつけたいときの会話だとこんな感じになるでしょうか。

「いきなり２人で飲みに行くのが難しいなら、食事ならいい？」
「そうね、食事ぐらいならいいんじゃないかな」
「そうか。お酒だけだと危険だと思ってたりして(笑)」
「まあ、そういう警戒心はあるわよね」
「じゃ、最初はアイツ（共通の友人）に同席してもらうのはどう？あとはノリで２人で流れてもいいし」
「まぁ…そうね。そういう案もあるかな」

　目的は最初から「食事」ではなく「飲みに行く」でしたから、否定されずにすんでひと安心です。もちろん、それでも「ノー」を言われることもありますが、**「ついイエスと言ってしまった」「ノーとは言いにくい雰囲気だった」**という心理操作をしやすい状況なのは間違いないでしょう。

もともと否定的な人やあまのじゃくな性格の人、最初から腰が引けている人の場合は、「イエスセット」から相手に「ノー」と言わせ続ける「ノーセット」にどの地点で切り替えるのかもメンタリストとしての手腕が試されるところです。

この方法のおもしろい点は、相手にすべて「ノー」と言わせ続けるにもかかわらず、「最後までウンとは言ってもらえないんですよね」などと、相手に了承させたい逆の内容を言うと、相手は「ノー」と答えることで、結果的にあなたの要求を受け入れてしまうところなのです。

Exercise 10
YESセットのトークを鍛えるエクササイズ

相手に「イエス」を言わせ続けること、理論ではわかりますが実際やってみると意外と難しいものです。パフォーマンスの場合、初対面の人にそれこそよどみなく「イエス」を言わせる必要がありますから大変です。そこで私が実践した練習方法を紹介しましょう。

電車に乗ったときに、前に座っている7〜8人を端から見て、1人ずつ頭の中で〝ビデオトーク〟をするのです。ビデオトークとはビデオを観ているイメージで淡々と見たままの情報をあげること。赤は「赤ですね」、青は「青ですね」、眼鏡をかけている人には、「眼鏡をかけていますよね」。他にも女性、男性……。見た

まま、かつ、今その相手にそれを言っても否定されないことを考えるのです。街で人とすれ違うたび、1人ひと項目ずつあげていく方法も、スピードアップに役立ちます。

　頭に浮かんだ言葉がネガティブな響きを伴うものだった場合、ひっくり返してプラスの要素として言えるように訓練します。

　たとえば「ダサい」という言葉がパッと浮かんだとしたら、「シンプル」「真面目そう」「浮ついていない」などと言い換えればどうでしょう。プラスの言い方のビデオトークを練習しておくと、相手を見たときにパッと出てくるボキャブラリーも増えてくるし、日常での応用性も高くなります。

メンタリズム 基礎編 ◆ 相手を操る基本テクニック

クライアントへのメールは どれぐらいの頻度でするのが効果的？

　ツテをたどって会えたポテンシャルクライアントに、お礼の意味を込めてメールをし、かつ自分自身や製品についても印象づけたい。そんなとき、押し付けがましくならない程度にアピールするにはどうしたらよいのでしょう。

　まず、翌日、相手がメールをチェックするぐらいのタイミングで「昨日のお礼」と題したお礼のメールを送ります。「お礼」と銘打っていますが、大切なのは、自分が話した商品や企画、相手が気に入ってくれた商品に関して、あるいは自分自身について軽く触れておくことがポイントです。

「昨日はお忙しいなかお時間を作っていただきありがとうございます。(中略) ○○さんに興味を持っていただいた××の件も、いい形になることを期待しております」。

〝相手が興味を持った〟ということにさらりと触れた文章にします。1週間後、そしてさらに1ヵ月後、「以前、興味を持っていただいた商品に関して新しい情報がありますのでお知らせします」など、簡単な情報を繰り返し小出しにします。ここでも「興味を持っていただいた」と入れることが重要で、そこに触れるこ

= Column 2 =

　とで相手は、「自分」が興味を持っていたことを何ヵ月たっても覚えておくことができるのです。触れなかったことは、人間の忘却曲線にのっとって忘れていきます。
　また、挨拶はメールでも効果的ですが、自分自身を売り込みたいときは、これといった用がなくとも相手の会社を訪れて挨拶するだけでも効果は大です。

▶▶ 声を使い分けることで相手の選択を操作する

　カウンセリングを行うことが主な仕事だったエリクソン博士は、声の使い方のプロでした。クライアントに何か特別に伝えたいことがあるときは、それまでと声のトーンを変えることで、「さっきとは違うことを話しているよ」と差別化し、無意識のうちに相手に伝えるのです。

　私たちメンタリストも、声の分類法はよく使います。たとえば、「これから5つの物の名前をあげますから、そのなかから好きな物をひとつ選び、それを思い浮かべてください」と言ったあと、こちらが選んでもらいたい物の名前だけ声のトーンを変えるのです。そうすると、**声を変えたところだけ聞く人の意識に残りやすくなります。**

　上級のメンタリストになると、ステージに上げた5人の観客、AさんからEさんのなかで、Cさん1人だけに特定のメッセージを送ることが可能です。

　Cさんに話すときだけ声のトーンを落とし、他の4人よりも一段低い声で語りかけるのです。もちろん、周囲にわかってしまうような露骨な方法では台無しですから、実に高度なテクニックが要されます。そうすると、〝（自分に話しかけるときに低い声を発する）この人は声の低い人だ〟という印象がCさんには植えつけられ、会場に向かって話しているように見えながらも、その声のトーンを使うとCさんだけ

が拾ってしまい「これは私に話しかけているんだ」と思い込んでしまうのです。

　普段はふざけてばかりいる人が、声をぐっと低くして話してきたり、抑揚を抑えた落ち着いたトーンで話を始めると、「何か違う」と感じてドキッとすることがあります。子どもの頃、親がいつもより太い声で自分の名前を呼ぶと「あ、怒られる」と思い、身を硬くした人も多いかもしれません。

　いずれにしても、パフォーマンスでは**声のトーンだけで自分の意図したものを相手に選ばせることが可能**です。トーンではありませんが、私のプロデューサーでもあるむらやまじゅんは、オンのときは標準語、オフでは地元の京都弁を使い分け、相手との距離感をうまく演出しています。

▶▶「秘密」という言葉が放つ、甘い香り

　何人かの人間が集まると、なかには性格や価値観が合わずに、集団から浮いてしまう人がいるものです。単なる知り合い程度なら、「気が合わない」のひと言で片づく問題かもしれませんが、仕事の関係やご近所さん、同じグループだったりすると接する機会も多くなかなか厄介です。

　放置しておくと自分の周囲に影響がある、またはグループの雰囲気が悪くなりかねない。そんなときは、「クロージング効果」という方法が効果的です。「close」、近づくという意味で、**相手と何かしらの〝秘密〟を共有して「近づく」**のです。

　〝秘密〟に抵抗があるようなら〝共通の体験〟でもいいでしょう。大切なのは、**「これはあなたとの秘密」あるいは、「これは２人で共有した体験」**ということを、相手がしっかり認識することです。

「ここだけの話にしてほしいのですが……」

「あなたにだけ言うけど、実は……」

　相手が「本当に私だけ？」と不思議に思ったとしても、一応は聞いておこうという気持ちになるものです。「秘密」は万国共通のデザートです。誰にとってもワクワクするものですから、こう言われて心底「迷惑だ」と感じる人はいないでしょう。むしろ、「そんなふうに打ち明けてくれるなんて、この人は自分を信頼してくれている」と思うかもしれません。

〝秘密〞の中身は、どんなことでもいいです。個人的な話でもいいですが、仕事関係の人の場合は差しさわりのないビジネス上の話のほうがいいかもしれません。

　秘密ではなく〝共通の体験〞の場合は、こんな感じです。
　打ち合わせや会議などの前に「確認したいことがある」などとその人を呼び、その日の流れや、会議のポイントを事前に打ち合わせしてください。
「今日はこういう流れでいきたいと思うのですが」
「この部分についてあなたはどう思う？」
「こんなことを話したいのだけれど、どう言ったら伝わりやすいと思いますか？」
　その人と２人だけで何かを確認したという体験を作っておくのです。お互いに役割分担がはっきりした関係を作ることで、信頼感が醸成されるのです。
　身内的感覚が生まれると、つい評価が甘くなるのも狙いのひとつです。「他人がやったら腹が立つけど、仲間内の人間なら許せる」というように、自分と同じ集団のなかにいるとわかった瞬間、相手に対する評価は30％以上甘くなるものです。同じ趣味を持った相手と急に打ち解けたり、出身地が近いと親近感を感じることがありますよね？
　その「**内集団ひいき性**」を引き起こすのが〝秘密〞であり〝共通の体験〞なのです。

仲間だと認識すれば多少のことは我慢できてしまうでしょうし、チームの1人と打ち解けることができれば、それをきっかけに周囲とも仲間意識が芽生えるかもしれません。

　ひとつ付け加えると、**クロージング効果を使ったテクニックは恋愛においても非常に有効**です。そもそも恋愛において「2人でデートする」ということが特別な意味を持つのは、2人だけの体験を共有できるからなのです。
　最初からデートは無理だとしても、クロージング効果を意識して動けば、相手の反応は変わってくるはず。些細なことでもいいので、**意識する相手と2人だけの秘密を作る**ことから始めてみてください。

Column 3

安心感を与える
「3」の法則

　知り合いのインテリアコーディネーターいわく、何かをディスプレイするときは同じものを3つ並べるだけでおしゃれに見えるのだそうです。

　そうやって考えると、私たちの生活は、3つでひと組になったものが多いことに気がつきます。たとえば、何かを持ち上げるときの「いち、にいの、さん！」という掛け声。徒競走のときの、あのドキドキする「位置について、よーい、ドン！」も3つの文節に区切られています。昔読んだおとぎ話には『3匹のこぶた』もいましたし、『アラジンと魔法のランプ』に出てくるランプの精ジニーは、3つの夢を叶えてくれました。

　私がこの本のなかで紹介する例も、気がつけば3枚のカード、企画書です。人に「たとえば」と例を出すときも、2つでは少なすぎるし、4つだと中途半端。やはり3つがしっくりきます。

　つまり、人に何かを示したり、情報を与えるときは「3」という数字を意識するのがコツです。

　そうすることで、あなたの話を聞いて、相手も納得、安心できるのです。

◆しぐさ、動作でコントロールする

▶▶ ミラリングから作り出す信頼関係

　体の動作や姿勢が人と合ったりすると、不思議と近しい感覚がわいてくるものです。このあとの応用編（☞P181参照）では恋愛の観点からミラリングの話をしますが、ここではより「操作」に絞った話をしたいと思います。

　ミラリングと呼ばれる手法は、あなたが親しくなりたい人の動きを鏡のように真似て、相手との親近感を作り出すことを原則としています。その後、相手との間に信頼関係ができると、最初はあなたが一方的に真似するだけだったのが、次第に相手もあなたと同じ姿勢をしたり、同じタイミングで動くようになるのです。

　これを「クロスミラリング」と言いますが、私たちメンタリストがパフォーマンスで使うのは、もっぱらこちらの手法です。

　もちろん、相手との間に瞬時のうちに親近感や信頼関係を確立する技が必要ですが、その「ラポール」と呼ばれる信頼関係ができあがると、私が相手の近くで何かのジェスチャーをすると不思議と相手も自然に私の動きを真似してくるのです。

　私が最初にメタルベンディングをやることが多いのは、相手との間にラポールを素早く築くためでもあります。「何か特別な力を持っているかもしれない」と思い、「この人に何かを言われたら意味がある

んじゃないか」、「目を見たら何かを見透かされてしまうんじゃないか」と思ってもらえるからなのです。パフォーマンスに協力的にもなり、たとえば私が「Mという文字が浮かびますが、心当たりはありますか？」と聞けば、「あ、私が大事にしている猫、Mがつきます」などと、自己申告してくれるまでになるのです。

　ちょっとした二人三脚のような関係になること、それがミラリングの究極の操作といえるのです。

笑顔　→　笑顔

右手で飲む　→　左手で飲む

頼みごとを気持ちよく
引き受けてもらえる「分担の法則」

　職場でも学校でも、家庭でも、人と生活する環境では「誰かに何かを頼む」という機会がたくさんあります。「人に頼みごとをしたことは一度もない」という人のほうがまれだと思いますが、〝断られたくない〟〝嫌な顔をされたくない〟〝借りを作るようで嫌〟と、頼みごとが苦手な人は思いのほか多いのかもしれません。
　そこで、人に何かを頼んだときに気持ちよくやってもらうテクニックがあったらどうでしょう。人生の30％ぐらいストレスが減る気がしませんか？
　複数の人間がいる集団的状況では、人は多数、あるいは家族や恋人など大切に思っている人の行動や意見の影響を受けやすい傾向があります。マジョリティの〝行動〟や〝主張〟と同じようなことを、意識的あるいは無意識的にしてしまうことを「同調行動」というのですが、ここではそれを応用します。
　「○○さんはこれをやってもらっているので、私はこれから××をやります。だから、あなたは〜をしてください」
　これだけで、単純にコピーだけを頼んだときや皿洗いを頼んだときよりも、スムーズに聞き入れてもらえるはずです。

Column 4

「ごめん、○○さん。忙しいところに悪いけど、これを3部ずつ大至急コピーしてくれないかな？」

これでも十分気を使った言い方ですが、さらに一文加えます。

「あと○分で部長に出す書類をまとめなければいけないのだけど、これを大至急3部ずつコピーしてくれないかな？」

家庭内だと、「新聞取って来て」よりも「出かける用意をするから、その間に新聞取って来てくれる？」「晩御飯の買い物に行って来るから、その間にお皿を洗っておいてくれない？」

私たちは子どもの頃から「佐藤さんが窓を拭くから、あなたは床を掃いてね」というように作業分担の概念を植えつけられています。「働かざるもの食うべからず」ではないですが、誰かが何かをする以上、何もしないわけにはいかないのだということを、潜在意識に刷り込まれているのです。

男性は状況を説明したり、気を使った言葉の使い方が上手くなく、つい「新聞は？」と言いがちですが、分担法を使えば、反発を最小限に抑えて頼みごとが可能です。いうまでもなく、「俺は飯を食うから君はお金を払ってね」は分担の法則ではありません。

メンタリズム 応用編

仕事を思いのままに操る

Maneuvering people's mind in business

ビジネスで
相手の心を操る
Maneuvering people's mind in business

　仕事をするうえで社内での評価、また取引相手からの評価は誰でも気になるものです。自分の出した企画は社内で、あるいは取引先でどう評価されているのだろうか。会社の戦力として、いったい自分はどんな評価を得ているのだろうか。

　メンタリズムなど知らなくても、私たちにはたくさんの判断基準があります。自身の成功体験や失敗体験、先輩からの教え、営業テクニック……。ただ、科学に基づいて構築されているメンタリズムは、実に幅広い分野で応用ができる技術です。家族、友達、先輩後輩、恋人だけでなく、職場や仕事関係でのつきあいにおいても関係性がスムーズになったり、自分に自信が持てるようになったり、苦手意識を払拭できたり、相手よりも優位になって仕事が進められたり。

　この章では、ビジネスにおける効果的な手法を紹介しています。ぜひ、実践してその有効性を実感してください。

▶▶ **相手との距離を縮めて、関係性を作り出す**

　ビジネスの場は、"初対面の人"と会うことが非常に多いです。私自身もさまざまな機会でパフォーマンスをやらせてもらうようになって、初めてお会いする方も多くなりました。もっとも、最初は誰でも初対面です。誰かと仲良くなり、心の距離を縮めることができなければその後の発展がないという意味では、仕事も恋愛も、友情だって同じです。

自分の領土ともいうべき「パーソナルスペース」（☞詳しくはP92参照）は、相手との親密度によって変化します。親しいほど相手との間の物理的距離は近くなりますが、それなら**親しくなりたい相手との物理的な距離を一気に縮めてしまえばいいわけです。**

　よくある心理系の本では、この相手との距離を〝いかにさりげなく詰めていくか〟を説いています。メンタリズム的究極の方法は自分から動くのではなく、相手の無意識に働きかけ、相手のほうからこちらに近づいてくるように誘導するのです。

　私のメタルベンディングも、相手に近づいてもらうためのテクニックのひとつといえます。ステージ上はともかく、普段の生活で初めて会った相手にフォークを曲げて見せると、相手は驚き、私の手元をのぞき込んできます。目の前の現象に興味を持ち、無意識のうちに自分からパーソナルスペースを縮めてくるのです。相手が自発的に入り込んできたのですから、警戒されることもありません。

　とはいえ、初対面でメタルベンディングを披露するのはやはり特殊なケースです。一般的な例を差し上げましょう。

　ビジネスの場でひんぱんに見られる名刺交換。見知らぬ同士だと、１メートル以上離れているのが自然ですが、これだとスムーズにやりとりができません。当然、名刺を交換できる距離まで近づくことになりますが、冒頭でも解説したとおり、ここではなるべく**自分から動かず、相手の出方を観察**してください。

最初から近くまで抵抗なく寄ってくる人は、短い時間で心を許しやすいタイプ。一瞬近づいてもまた距離を保つ人は警戒心が強く、壁を作りやすいタイプでしょう。壁を作りやすい人に自分からグイグイ行っては避けられるのが落ち。ですから、こういう人こそ相手のほうからパーソナルスペースを縮めるよう仕向けるのです。
　たとえば、「何かを渡す、渡してもらう」。単純ですが非常に効果的です。これを何度か繰り返して、相手のほうから抵抗なく近づいてくるのを観察してください。**物理的な距離が縮まれば、お互いの心の距離も一気に縮まります。**
　大切なのは、どんな相手でも向こうからあなたの内側に入り込んできた瞬間を、絶対に見逃さないことなのです。それは相手があなたに興味を持ってくれて、知りたいと思ってくれているという表れなのですから、広い意味でのビジネスチャンスです。

Exercise 11
相手を動かして優位性を演出する

　相手のほうからあなたのスペースに入りやすくするために、何かを〝渡してもらう〟という状況を作ってください。
　資料を渡すときは、あなたから近づくのではなく、あえて少し離れたところに置いてみましょう。あまり遠いところだと嫌がらせと思われかねないので、相手が自然に手を伸ばして取れる距離に置いてください。それによって、相手があなたのテリトリーに

入り、あなたに近づくことに慣れてくるはずです。
　また、さりげなく自分の持ち物を相手側に落とし、拾ってもらうのも有効です。オフィス内では、あなたの資料やパソコン画面を相手にのぞき込ませるという方法もいいですね。

▶▶ ルールは「初対面」のときに決まる

　予測できない動きをする人、自分とはタイミングの異なる人。そういう人が苦手だという方は多いかもしれません。本音を言えば、自分のコントロールの利かなそうな人が怖いのだと思います。
　誰かの思い通りにならないという印象は、もともとその人自身の自由な性格からくる人もいるでしょうし、そういう印象をあえて演出している人もいます。いずれも、そういう人たちは〝**場を支配する**〟**パワーをもち、主導権を握りやすい**といえます。

　たとえば、初対面の人に名刺を渡すとき、渡す寸前に「あ」と小さく言って、何かを思い出したように場の空気を止めてみてください。ほんの0.3秒ほどの「あ」によって、まわりがあなたにどれだけ注目するかがわかるでしょう。
　もしくは、お互い名刺を出しているにもかかわらず、交換しないまま「そういえば電話では何度もお話させていただいていたのですよね」などと話し始めてください。相手は「この中途半端に宙に浮いた

名刺はどうすればいいんだろう？」と不安に思うはずです。

このあと、相手の手がどう動くかを観察してください。「名刺交換は一旦中止なのかな？」と思って、手を引っ込める人もいるでしょう。一方、名刺を持った**手を宙に浮かせたまま、どうしてよいかわからずじっとしている人**もいるはずです。

脳は、手を出し、相手の手を握るまでの一連の動作を「握手」と捉えています。ですから、途中で勝手に動作を止めたり、あなたが途中で手を引っ込めたりすると相手の脳は混乱してしまうのです。このように**相手を受動的な状態にし、自主的判断を押さえ込んだ状態を「カタレプシー」**と呼びます。

実はメタルベンディングを見せるとき、たまにゲストの方に協力してもらうのですが、このときに相手の腕の筋肉を緊張及び弛緩させカタレプシーの状態にもっていきます。その人にとっては「これから何が起こるの？」という状況ですから**誘導暗示は入りやすく**、その場をあなたのペースで進行できる可能性が高まるのです。

Exercise 12
パワーシェイクハンドをマスターして相手より優位に

アメリカの大統領選などでもときどき見られるのが、この「パワーシェイクハンド」という握手法です。

やり方は、右手で握手するときに片方の手を相手の肘に当てる。これだけです。人にやられるとよくわかりますが、これだけであ

パワーシェイクハンド！

なたの右手の動きはずいぶん制限され、主導権を握っているのはこっちだぞというメッセージを相手に伝えていることになります。

また、左手を相手の右手の上に重ねるのも効果大。これも自分のほうが上であるということの無意識の提示です。特に握手という文化のある環境では効果的です。

もしも相手もこの本を読んでいて、相手がさらに乗せ返してきたときはうまくはぐらかしてください。それができれば、関係性は対等のままでいれらるでしょう。

▶▶ 自分側を優位に見せて主導権を握る「視神経疲労法」

　相手と初対面のとき、または１回目のプレゼンのときには、座る位置に留意してください。大切なのは、**自分の背景に「光を背負う」ような位置に座る**こと。窓のある部屋なら、自分が窓を背にして座るということです。これによって、**あなたの存在を大きく見せることが可能**です。
　理由を説明しましょう。**光の方向を長い間見ていると、人間の目は疲労**してきます。聴覚の場合は鼓膜があって、微小骨という骨が３つほどあってから神経につながっているのですが、目だけは神経がむき出し。そのまま神経につながっているので、相手を疲労させたいとき

は視覚を刺激するのがいちばんいいのです。しかも、視神経が疲労すると人間は受動的になることが証明されています。
　受動的になると →「あなたからの暗示が入りやすい」→「あなたが主導権を握りやすくなる」→「あなたの提示するものが受け入れられやすくなる」というわけです。加えて、後ろから光が見えることによって、あなたの表情は相手から読まれにくくなります。

　人間の五感のなかで最も発達しているのは、視覚だといわれており、この手法はまさに催眠の領域に入ります。海外の催眠術師のなかには、自分専用の照明を持っている者もいて、それも４秒に１秒間、光度が落ちる特別なものが使われることもあるのです。
　日本で見るショー催眠は振り子を使ったものが多いですが、海外ではよく光を使います。ペンライトの光が目のなかに入れば、振り子を見ることの何倍も疲れるのは明らかでしょう。

　この効果を会議で使う場合、あなたが後ろに光を背負って座れば、相手の判断力が奪えるということになります。
　自社の会議室に窓があったり、あなたが打ち合わせの場所を指定できるときはそういった空間を作り出して意図的に演出することが可能でしょう。社内の会議室は窓がないという場合は、先方を案内する廊下などの電気を「ちょっと節電で……」といってわずかに暗く暗くしておき、入った部屋の明かりを上げておくなど工夫してみてください。

演出されていた!?
ヒトラーの演説法

　人はどんな時に「暗示」にかかりやすいと思いますか。
　そんなふうに聞くと、暗示＝悪いこと、怖いことと思う人も多いかもしれません。ですが、「暗示」や「操作」は日常のなかで無意識に体験しているものなのです。たとえばテレビのコマーシャル。人気のある人物を起用し、いかに魅力的かを語る。印象に残る歌を流し、商品名を連呼する。日常のなかで何度となく目や耳にしていたら、いつの日かスーパーで鼻歌まじりにＣＭソングを歌いながら商品をかごに入れているあなたがいるはずです。

　暗示が個人レベルではなく、そしてネガティブでマイナスなものだったら、非常に支配的で恐ろしい世界となるに違いありません。独裁者として君臨したアドルフ・ヒトラーは、大規模な演説で大衆を引きつけ、人々を操作支配した恐ろしい人物として知られていますが、彼が行った演説は、かなり演出が施されていたといわれています。
　演説のために民衆が集められたのは、必ず１日の疲労が精神的にも肉体的にもピークに達する夕暮れどきでした。疲れていると

Column 5

　きは、誰でも判断能力が鈍く、受動的になるもので、これを利用したのです。人々が集まると、最初はまわりを取り巻いていたヒトラーの親衛隊が群集の輪を少しずつ縮めていきます。人は多いものの、暗がりで隣はよく見えない。人は自分だけに語りかけられている錯覚を起こします。ときおり、「ハイルヒトラー」と叫び、音楽が流れていたという話もあり、舞台に立つときには左右の下からスポットライトを当てさせたともいわれています。彼の姿は光を背負ってかなり幻想的に見えたはずです。

　そして、わかりやすい目標や、キャッチフレーズ、簡単なスローガンを繰り返し話すことで民衆の心に入り込みました。1行で言えるようなことを何度も繰り返す。アメリカのオバマ大統領が予備選挙のときに口にした「Yes, we can」や、コマーシャルの理論と少し似ています。ヒトラーはわざと派手な演説をし、大げさなジェスチャーを加えました。群集の被暗示性を高めるためにあらゆる思考を凝らし、民衆をコントロールしていたのです。

▶▶「第一印象」を制す者は、ビジネスを制す!?

　第一印象というものは、いったいどれぐらいで決まるのでしょう。ある心理学者は「人と会って7秒で決まり、その後、相手や状況にもよるが、その印象は長ければ半年は変わらない」と言います。

　その理論に基づくと、人間関係を作る最初の段階で「主導権はあなたにある」と相手に思わせることができたなら、リーダーはあなたです。あなたが話し始めると、まわりは自然と黙り、あなたの話を聞くというシチュエーションが作れるはずです。
　会議や打ち合わせの席についたとき、相手から話し始めるのを待つのではなく、「今日はどんなお話ですか？」とあなたから先に話題を振るのも、主導権を取りたいシチュエーションでは効果的です。

　人にはさまざまなタイプがいますから、主導権は取りたいけれど「自分から行くのは美学に反する」という人もいます。CALL³（スリーコール）というメンタリズム研究会の1人、KOU☆がこのタイプです。彼はまさに四六時中メンタリズムのことを考えている人物で、寡黙で、ある種独特の存在感をかもし出しています。
　たとえば、相手が名刺を差し出しても「すみません。私は名刺を持っていないので……」と相手の名刺をちらりと見やるだけで取らないことも多々あります。通常は、名刺を交換したら長くても十数秒見る

だけですぐに話に戻るのでしょうが、彼は相手を待たせてもまるで気にせず自分のペースで名刺を見ていたりするのです。

その独特の「間」が、「この人に失礼があってはいけない」とか「この人には慎重に動かないといけないな」という印象を相手に与え、その段階ですでに彼の〝印象操作〟が始まっているのです。

資料の受け渡しをする際も、「これが資料になります」と、向こう側から相手が書類を出しても取りませんから、書類は宙に浮き、相手は仕方がなく彼の近くまで持ってくることになります。

心理学者アッシュが証明した「初頭効果」と呼ばれる理論ですが、入り口の段階でこういった印象の操作をしているため、彼の動きはすべて相手からの動きを喚起するというスタンスを作ります。

「ここまでやったら相手はこうしてくれるだろう」

という関係を作ってしまうと、人間は自分に要求された仕事の流れや、やり方を把握するものです。「相手がしゃべらないなら自分が話さなければいけない」と思うのと似たような心理といえるかもしれません。そして、「自分がこうしたら当然相手はこうしてくれるだろう」というスタンスで来る人は、自分が見えている世界から外には出ることはないのです。「自分の仕事のやり方で進めればすべてうまく運ぶし、そのなかで成立しなかったら相手が悪い」と思うでしょう。そういう人には、あえて「この人と仕事をするときにはここまでしなければいけないのだ」と思わせて、意識操作を行うことも効果的だといえ

ます。
　もちろん、ここまでやるのはいくらなんでも無理だと思う人もたくさんいるでしょう。ですが、この理論に基づいた行動もメンタリズムの考え方のひとつなのです。

Column 6

小物のマッチングで
親近感を生み出す

　相手と合わせるマッチングはメールにも有効です。用件だけの短いメールを書く人に、うだうだと長く書くと「面倒臭い人」と思われます。丁寧なメールを書く人に用件だけを返すと「そっけない人」となる。文章の口調を合わせるのも高ポイントです。

　人と同じは嫌！と頑なに拒否するあまのじゃくは別として、自分との共通点や類似点を見つけた相手に親近感を覚えるのは、物もしかり。特に男性はディテールにこだわる人が多いですから、同じ物を見つけると、自分のこだわりが評価されたようで嬉しくなります。ビジネスパートナーとして何度も会う人であれば、相手が使っているペンや手帳、カバンなど小物を同じブランドのものにするだけでも効果あり。ただし、それを自分から切り出してはいけません。うまく相手に気づかせましょう。相手が口に出さないまでも、内心〝同じものを持っているな〞と思ってもらえば、それで十分です。小物の置き方も相手と同調させましょう。向かい合わせなら、人は相手の顔だけではなく、上半身や周辺も見ています。机の上にある小物の配置は、絶対に相手の目に入る情報ですから、それが似ているというだけで親近感につながるのです。

▶▶ 面接で自分を魅力的な人物に見せるフォーラーの効果

　心理学者のバートラム・フォーラー氏は、人間の自己評価がいい加減なものであることを証明するために、心理テストを行いました。
　後日、その結果を渡し、テストの人物分析がどれほど当てはまっているかをたずねたところ、7割以上の人が「ほとんど当たっている」、人によっては「めちゃくちゃ言い当てられた」と答えたのです。ところが、このとき渡した診断結果は、なんと全員同じ内容だったのです。
　内容は「外見は自信があるように見えるけど、心のなかはくよくよしたり不安になってしまう面もある」「刺激や変化を常に求めているけれど、意外と慎重なタイプなので踏み外すことは少ない」など相反する要素を入れたものでした。
　人は裏表の顔を持つものです。ですから、この特徴を生かして自己紹介のプロフィール、企業の面接時のプロフィールに使うのです。
　たとえばこんなふうに。
　「私はよくしゃべる人間ですが、2人きりで話すときは意外と聞き手にまわることが多い」「社交的で明るく飲み会にもよく誘われるが、クラシックを聴いたり、伝記などを読むのが好きな一面も」「サークルでは団体行動をしていますが、オフは一人旅を楽しむのが好き」「行動的でリーダシップを発揮するタイプですが、友達の勧めにも従い協調性もある」という具合です。
　自分の「裏表」の要素を把握していなくても、自分が思う〝自分と

は真逆のパターン″を入れておくのです。

　元の自分は変えようがありませんが、広い特徴を網羅する要素を提示できれば、「この面は気になるけど、こういう面もあるならその部分を重視しよう」と思わせれば、多くの人に受け入れられやすくなるに違いありません。

真逆のパターン（例）

おしゃべり	⟷	少人数では聞き上手
明るくて社交的	⟷	静かに読書するのが好き
マンガが好き	⟷	心理学の本を読むのが好き
団体で行う球技が得意	⟷	見知らぬ町にふらりと一人旅が趣味
協調性がある	⟷	学級委員など子供の頃からリーダー格

▶▶ 提案する企画や商品への印象をアンカーで操作する

　人間は、最初の5分間で〝その場のルール〟を無意識に感じ取り、認識する動物です。

　最初に発言した人はその後も言いたいことをスムーズに言うことができますし、タイミングを逸した人はすでにできあがった空気感を打破しない限り、最後まで「聞き役の人」になる。最初に人を笑わせるとずっと盛り上げ役を期待される……など、ある種の役割分担ができあがります。

　エンターテインメントというある種、職場のない環境では、初めての人たちと初めてのことをする機会がどうしても多くなります。初頭効果とは、初対面の印象が基礎となりその後の印象を形成するという社会心理学の理論ですが、その状況に慣れなければ私にとっては毎回緊張して、気の抜けない現場ばかり……ということになってしまいます。**いかなる環境下にあっても自分のペースでいられる方法**、それがここで紹介する「条件づけ」の考え方です。

　まず自分なりのルール（法則）を作ってください。たとえば、いいイメージの話をするときは、手の肘を立ててテーブルの上に出しておき、もう片方の手を軽く宙にあげる。マイナスのイメージや、デメリットの話をするときは、指でテーブルをコツコツと叩いて話をするなど、あなたが決めたことなら、どんなルールでもOKです。

とはいえ、立つ＝プラス、座る＝マイナスなどの単純動作にすると、つい疲れて座ったときに意図せず「マイナスのイメージ」になってしまう危険があるので、気をつけてください。

　次に、**一度決めたらその動作を繰り返すこと**。周囲の人たちがあなたのしぐさによって「良い」と「悪い」が認識されたなと思えるまで、何度も行います。

　あなたのルールを定着させるまでが勝負です。特に人数が多かったり、時間があまりないなどの場合は、集中力とスピードが要求される

かもしれません。ですが、一度定着したらあとは簡単です。あなたが「プラス」のイメージを持たせたいもの、たとえば新製品の話をするときには「片手（どちらの手でもよい）をテーブルの上に出し、肘をつく、もう片方の手は軽く宙にあげる」という動作をすればよいのです。

Exercise 13
自己暗示をかけて緊張から解放される！

　大事なプレゼンや会議などのときは、とても緊張するという人は、自分自身をリラックスさせる「ルール」を自分に作っておくと緊張を多少やわらげることが可能です。

　私はいつも右手の人差し指に自分で作った指輪をしているのですが、オフの自由な時間やリラックスした状態のときに、指輪を左手の中指につけ替えるようにしています。そうすると、パフォーマンスの前など緊張してどうしようもないときに指輪を中指につけかえると、自分で決めたルールが瞬時に適用され、緊張した環境にありながらもどこかリラックスした気持ちになれます。

　この自己暗示の方法は一見簡単ですが、注意点がひとつあります。そもそもこの法則は、相手の無意識を操作するものですから対象者に気づかれては効果がなくなってしまいます。ですが……この場合、仕掛け人と対象者が「あなた」なのですからちょっと

面倒です。
　とにかくルールをしっかり埋め込むためにも、ちょっとリラックス……などのあいまいな状態ではなく、心からリラックスしたときにだけ指輪を左手の中指につけ替え、それを何度も何度も繰り返し行ってください。スイッチとなる動作は、普段簡単にやらないようなこと、時計をはずして拭き、反対の腕にする、両手で顔を覆ってから両耳たぶを引っ張るなど、少し複雑なものにしておくと脳が混乱しないでしょう。

▶▶ オフのときに暗示を入れ、相手の選択を操作する

　英国の有名なメンタリストであるデレン・ブラウンは、人の意識と潜在意識の境界領域下に意図的な刺激を与える〝サブリミナル効果〟によって、2人のプロの広告デザイナーに彼が**事前に描いておいた絵とそっくりのコンテを描いてしまうように操作**したり、何枚もの新聞から1枚を観客に選ばせ、さらにその1枚の新聞紙をランダムにちぎったものから彼が**予告したのと同じ言葉が書かれた切れ端を無意識のうちに選ばせたり**と、驚きのパフォーマンスで人々を魅了しています。

　動画サイトで見られるものもいくつかありますが、新聞の切れ端を選ばせるパフォーマンスでは、デレンが選ばせたい新聞名などを具体的に言うなど、事前に刷り込みのシーンまで見られるのですが、それを知っていてもなお、あのスピードであれだけの精度の演目をさらりと完成させてしまうのはまさに見事というほかありません。

　サブリミナル効果とは、映画館で上映されたフィルムに「コーラを飲め」「ポップコーンを食べろ」というメッセージを入れたところ、売り上げた非常に上がったというもので、その後、選挙のネガティブキャンペーンで使用されたことなどをうけて情報操作が可能であると判断され、今では世界中でその商業使用が禁止されています。

　一方のスプラリミナル知覚は、家を出る直前にテレビでラーメンの特集番組をやっていたら、たいして真剣に見ていなかったのに、その

日はなぜかラーメンが食べたくなるという明らかな刺激です。
　どちらの知覚も、一般に視覚・聴覚・触覚の３つがあるといわれており、ここではあまり知られていない聴覚への刺激をぜひ皆さんに試してもらいたいと思います。

　人間には、誰にもオンとオフがあります。オンは、仕事など集中しているものが目の前にあり、向き合っているもの以外のことを考えたり話したりする余裕のない状態です。
　仕事場ではオンだけかというとそうではなく、たとえば打ち合わせの前や会議が始まる前、何かの話題が一段落したとき、打ち合わせや会議終了直後、休憩時間などが〝オフ〟です。
　暗示操作に共通していることですが、人間の警戒心が弱くなっているこのオフのときこそ暗示を入れるベストタイミングです。

　暗示の入れ方はあくまでもさりげなく。クライアントと最終的なネゴシエーション前の雑談で趣味の話をしているときに、「決める」「買う」など、あなたが効果的だと思う単語を密かに入れておくのです。
　「昨日サッカー見ましたか？　いやぁ、日本惜しかったですよねぇ。でもやっぱりフォワードは肝心なときに決めてくれないと。そもそも今回は、メンバーを決めるときから監督と私の好みとがズレていた気がしますよ……」
　こんな具合です。いかがですか？

クライアントはその単語を聞いてはいますが、これから最終的な数字を見せてもらう製品を「買う」とか「決める」という意味としては捉えていません。ですが、(ここがポイントなのですが) 意識のなかには残っている。存在感は残しつつ、かつ同じ刺激（買う、決める）が別の形で提示されたときにそこへの抵抗は減っているのです。しかも、オフのときにその言葉を繰り返せば繰り返すほど、相手の抵抗は少なくなるのです。

　最後に、あまり話題にはなりませんが、リミナルという境界線があるのですが、これはつまり人が気づくか気づかないかのレベルの知覚のこと。相手の動きを真似するという「ミラリングの法則（☞詳しくはP181参照）」は、まさにこのリミナルを利用した法則なのです。

▶▶ メンタリズムから見た効果的なトークの法則

話すことは、私にとって重要なパートを占めています。

メンタリズムは、手品のような仕掛けをできるだけ使わず、人の無意識を操作しながら心の奥へと入っていくエンターテインメントです。**物を使わないかわりに、声や手、時間や空間などあらゆるものを味方につけて誘導し、暗示を仕掛けるのです。**

私はまだまだ知識も経験も浅いですが、海外には非常になめらかな口調と安定したトークで、特別なことなど言っていなくても対象者を催眠に落とせるメンタリストもいます。

ときには早いスピードで情熱的に、ときにはゆっくりと諭すように相手の心に無意識のうちに入り込む。そのすばらしい話法を、ビジネス的見地から説明しましょう。

まず、最初に注目するべき要素は、**話をするときのスピード**です。一般的に話す速度がゆっくりした人は「信頼できる、落ち着きのある人物」と評価され、スピードの速い人は「活動的、積極的、激しい、強い人物」と評価されます。くわえて、早口の場合「説得力に欠ける」という印象もあるようです。

これまでの心理学では、相手がちゃんと理解できる速度でゆっくり話したほうが説得力が高いと考えられていました。ですが、最初からゆっくりしゃべると、相手は話の内容を吟味することが可能です。特

に初対面のビジネスミーティングの場合、多少なりともお互いに警戒心を抱き、どこか腹の探り合いをしている状態ですから、正直いうと自分の言うことをあまり一つ一つ吟味されたくないという思いはあるでしょう。しかも、お互いを観察していますから、どうしても批判的になりがちです。

　私が心がけているのは、出だしは早口で饒舌に。テンポをあげて話せば、相手は聞き役にまわらざるを得ません。考える時間が少ないと疑問も浮かびにくく、批判をはさむ余地がないのです。
　その後、相手が**興味を持ってやや前傾姿勢になったら、内容が相手により浸透しやすいように、ゆっくりと言い含めるように話す**ようにしています。そのほうが説得力があるし、話している本人に対しても、説得力のある人という評価が与えられるでしょう。

　またメンタリズムでは、コミュニケーションだけでなく、暗示操作のツールとして言葉を使うことも多くあります。強調したい単語の部分だけ声のトーンを変えたり（☞詳しくはＰ118参照）、声の大きさを変える消音法を使ったりして差別化を行います。
　そして、最後に忘れてはならないのが間の取り方です。
　たとえば、人が大勢集まっていて発言しようと思っていても大声を出しても聞いてもらえないことはよくあります。そういうとき、**立ち上がってひと言言ったあとに長い間を入れる**のです。これは「サイレ

ント・フォーカス」と呼ばれるテクニックで、それまでザワザワと私語に忙しかった人たちが、何も言わずに立っているあなたを見て「何が起こったの？」と今度は注目するはずです。

▶▶ **プッシュしたい商品や自分自身を強く印象づける方法**

　パフォーマンスで人に何かを選んでもらうという機会の多い私は、狙いどおりのものを選択してもらうための方法を実にたくさん知っています。本書でも手や言葉、しぐさを使ったいくつかを紹介しましたが、暗示を重ねていく話法はメンタリズムらしく科学的で、私の好きな誘導方法のひとつです。

　手のうちを少しお見せしましょう。２ケタの数字を書いてもらうとき、私はいつもこんなふうに言って相手を動揺させます。

　「書こうとしているのは、誰かの誕生日や記念日、特別な数字ではないですよね？　それはわかりやすいのでやめてください」

　日本人が頭の中でパッと思い浮かぶ２桁の数字といえば、誕生日や記念日に関係したものがかなりの確立で出てきます。自分にとって思い入れのある数字、なのですから、当然といえば当然です。

　ここでのポイントは、「え、どうしてわかるんですか？」と言った人にとっては、「自分が書こうとしていた数字を当てられた」という印象が残るということなのです。そして、頭の中を読まれた＝数字の意味まで当てられたと誤認するのです。

　人間は、出来事のすべてを平等に覚えているわけではありません。自分が残したいと思う記憶、脳がこれを残しておけば生存に有利になる、役に立つだろうと思うものだけを頭に残して、あとは消えてしま

います。心理学者エビングハウス博士は、人間の記憶は20分間で58％まで低下するといいました。記憶に残るのは印象の強い事柄と、何度か繰り返し体験したことだけ。それも時間とともに薄れますが、定期的にそこに触れ、強調してあげると、今度はその記憶が定着するのだそうです。

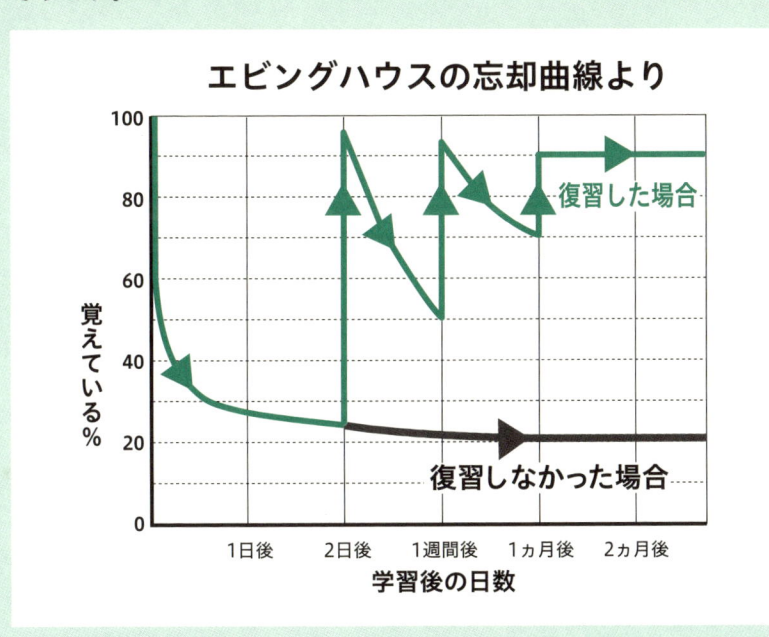

エビングハウスの忘却曲線より

縦軸：覚えている％（0〜100）
横軸：学習後の日数（1日後、2日後、1週間後、1ヵ月後、2ヵ月後）

復習した場合／復習しなかった場合

上の図は、エビングハウス博士が発見した「忘却曲線」を使って、いかに定期的に復習すれば記憶が定着するかを示したものです。

大学受験のとき、私は予備校に通わず、どんな勉強法を実践したら効率よく勉強できるのかを本やインターネットを駆使して徹底的に調

べまくりました。英単語や漢字を毎日少しずつ覚えようとしている人がいますが、あまり効果的な方法とはいえません。なぜなら最初に覚えたものは、忘却曲線にのっとって最後のほうには忘れ去ってしまうからです。

　ビジネスの場で自分がプッシュしたい商品がある場合は、その商品名と特徴（宣伝文句のようなもの）を20分の間でできるだけ多く、かつ自然に触れてください。いい印象を残すためにはその時間内に何回、その話題に触れられるかで決まるといってもいいでしょう。そして、商談の最後や、翌日、1週間後……と何度もアピールすることも大切です。

▶▶ タイムラインをさかのぼって過去を消す方法

　人間の記憶は、どんなことでも20分経つとその42％を忘れてしまいます。もちろん、記憶の定着度の高い人もいれば低い人もいますが、人間だったら逃れようのない特性のひとつです。

　失敗したときだけ、都合よくその記憶を消せる消しゴムがあるといいのに……。実際、生番組で自信満々だったパフォーマンスを失敗したとき、ずいぶん真剣にそんなことを考えたものです。

　そもそも人間の記憶はあいまいで、ごく単純で簡単なことで記憶のすり替えが起こります。

　カウンセリングのなかで、「〇〇な体験があったと聞いていますが、覚えていますか？」と、そもそもありもしない記憶についてセラピストがたずねます。ほとんどの人が「覚えていません」と答えます。あたりまえですよね。ところが２回目に同じことを聞くと、「確かそんなことがあったはずです」と言い、３回目の面接では、植えつけられた記憶があたかも本当の記憶と認知され、ありもしないことをどんどん思い出すのだそうです。そして、その話が本当だと思えば思うほど、本来の正しい記憶は消えていくのです。

「お前にあのDVD、貸したよね」
「え、貸してもらったっけ」
「そうだよ。返してもらってないじゃん。失くしたの？」
「そうだったっけ。じゃ失くしたのかなぁ」

日常的によく耳にするこんな会話も、実はなんの根拠もないのかもしれません。
　あなたが打ち合わせの席である失敗をしたとき、効果的な方法のひとつは、「失敗」の少し前までタイムラインをさかのぼり、「違う記憶」で上書きするのです。
　タイムラインを見てみましょう。
15：20　景気がますます悪くなっている話
15：27　身近なK社が倒産した話
15：33　K社の商品は優れているので、商品だけ引き取りたい
15：41　共通の取引先でもあるH社の話題
15：44　H社の株価が下がっている原因
15：46　H社の担当者Sさんの名前を間違える

　最後の項目があなたの失言だと思ってください。取引先の担当の名前を忘れたことはかなり痛い失敗です。このことを相手の記憶から消す、あるいは薄くするのです。15：33の「K社の商品だけ引き取りたい」という話題までさかのぼりましょう。
　相手にも一緒に記憶をさかのぼってもらう必要があるので、こんなふうに切り出してみてください。
　「そういえば、先ほどK社の商品の話が出ましたけど……あれ、あの商品はなんていう名前でしたっけ」というように。
　これにより、相手の人は頭のなかで自分の記憶をわーっと巻き戻し、

「あぁ、Gという商品ね」と答えます。
「機能としては最高だったので、なくなってしまうのは実にもったいない。あれは……昨年の商品でしたっけ？」
　ここでわざと間違えます。
「いや、あれは一昨年の商品だよ」
「失礼しました。とても人気があったので、てっきり昨年のものだと……。実はそのGの制作にたずさわった人と先日偶然会って、新商品の話になったのです」
　ここでさっきの流れを改変して、違う流れに持っていくのです。そうすると、相手の人がこの流れを思い出したときには、

　　1　景気がますます悪くなっている話
　　2　身近なK社が倒産した話
　　3　K社の商品は優れているので、商品だけ引き取りたい
　　4　Gの開発者が示唆した新商品の話
　　5　まったく新しい商品に必要な部品の話……

と記憶が上書きされることになります。できれば、このあと「新商品」の話で盛り上がるとより効果的です。厳密にいえば、記憶そのものの内容ではなく、記憶に伴う「感情」を上書きしているのです。

　とはいえ、すべての記憶が上書きされるわけではありません。40％

が消えるということは、つまり60％は残るということ。「失敗」の印象が強ければ強いほど、「あの人があんなことを言った」「こんなことをした」としっかり記憶されるでしょう。

　記憶の改ざんのあとに印象の強いものを持ってくるとさらに失言の影は薄くなります。ですから、相手の好きな話題や、驚くような話を緊急避難用のカードとして持っておくことは重要です。

15:20	景気がますます悪くなっている話
15:27	身近なK社が倒産した話
15:33	K社の商品は優れているので、商品だけ引き取りたい
15:41	共通の取引先でもあるH社の話
15:44	H社の株価が下がっている原因
15:46	H社の担当Sさんの名前を間違える　×失言
16:03	Gの開発者が示唆した新商品の話
16:14	新しい商品に必要な新部品の生産の話

メンタリズム 応用編 ◆ 仕事を思いのままに操る

常連になりたい店で
名前を覚えてもらう方法

　暗記をするときは、過去の経験やイメージに関連づけて覚えると忘れにくいといわれています。電話番号を言葉に置き換えて語呂合わせで覚えたり、人の名前を〝小学校の担任と同じ名前〟と知り合いと関連づけたり、〝競馬好きの長沢さん〟などその人の特徴と共に記憶したり。

　それらは自分が自分の記憶に残す場合です。では、自分自身を覚えて欲しい場合は何をしたらいいでしょう。男性は〝行きつけの店〟や〝常連の店〟にこだわる人は多いです。店側に名前を覚えておいてもらうと、満席のときに融通が利いたり、ときにはサービスしてもらったり、居心地がよかったり。

　顔と名前を覚えてもらうには「初めて行ってから3日とあけずに3回通う」といわれますが、店の人は1日に何人にもの客を見ているわけですから、3回通っても覚えてもらえる保証はない。人気店だったらなおさらです。そこで、大胆かつてっとり早い方法を紹介しましょう。

　まず、いつもの財布以外に、もうひとつ財布を用意してください。そこには失くしてもいいぐらいの金額と、名刺などあなたの

Column 7

　名前がわかるものを入れます。この店、常連になりたいな。名前を覚えてもらいたいなと思う店があったら、わざともうひとつの財布を落として帰るのです。後ほど店に電話をして、「先日伺ったものですが、財布を置いてきてしまったみたいで」と言う。それを連続で2〜3回繰り返します。財布、という大切なものであることがポイントです。「財布ですか？　そんな大切なもの」「しかもまた？」となり、そのうち「あぁ、いつも財布忘れるお客さん」というように、相手の記憶に自分を残すことができます。

　つまり、「財布を落とす人＝あなた」というように相手に関連法を仕掛けて、自分のことを〝暗記させている〟わけです。〝暗記させている〟という部分が、まさにメンタリズムテクニックといえます。もちろん、財布は出てこない確率もありますからリスクはあります。ですが、営業などでも応用可能な、必ず覚えてもらえるテクニックといえます。「少しおっちょこちょいなところがあるんだな」と思われて、親近感を持ってもらうきっかけになるかもしれません。

▶▶ 相手の欲しいものを暗示に入れたセールストーク

　あなたが今とても車が欲しいとしたら、車に関する話題にとても敏感になっているはずです。新しいクラブを購入したのに時間が作れずにいたなら、他人のゴルフ談義に鋭く反応するでしょう。
　人がそのとき求めているもの、興味のあるものを自分のセールストークに盛り込むことができたら、とても有益だと思いませんか？　そんな〝超能力者〟のようなことが、相手の言葉にただ耳を傾けることで可能になるのです。

　2人連れの女性があなたの働く店に入ってきました。1人は現在、ダイエット中の様子。目標はあと3キロ減！　そんな話をしながら財布を手にとって見始めました。アンティーク加工が施された深いブラウンの革のものを気に入った様子で、細部をチェックしています。その彼女に、何気なく話しかけてください。
「その財布は、アンティーク加工が施された革を使っていて……」
　いえいえ。それは〝あなたが与えたい〟情報であって、〝相手が欲しいもの、ピンとくる〟情報ではないでしょう。
　こんなふうに言ってみてはどうですか？

「チョコレートみたいなダークな色味でステキだと思います。ツヤツヤとしていてコクがあって…。美味しそうじゃないですか？」

あるいは
「モデルの〇〇さんがこういう色を『チョコ茶』っていってました。関係ないけど、彼女、めちゃくちゃスタイルいいですよね」
　偶然耳にしたダイエットの話から、〝チョコレート〟、〝スタイルがいい〟に関連づけています。しかも、ダイエットという言葉はいっさい使わず、間接的な暗示を入れて相手の頭のなかに欲しいものを想起させています。チョコレートが嫌い、そのモデルさんに興味がないなど、どちらも相手に響かなかったとしても、何かを仕掛けているトークではないので緊張する必要のないのが利点です。

　また、商談前の雑談で、クライアントが「今年は忙しくて海にも行けなかったよ」などとぼやき気味に言ったとしましょう。その人は「海」に行きたい、あるいは行きたかったのです。
　商談内容は、海とはなんの関係もない新しいコピー機の導入に関して。「海に行くときに持っていけますよ」などと言えない大きさなのが残念……ですか？　残念ながらその言い方はあまりにも直接的すぎて効果的とはいえません。相手が〝雑談のときの話を利用されたな〟と気づく可能性も高く、次回から警戒されてしまいそうです。
　もっと微妙なたとえが必要なのです。たとえば、「コピー機の外色には残念ながら鮮やかな色はなく、どれも砂色なんですよねぇ。いっそ鮮やかなブルーやオレンジのものがあったらオフィスがぐっとカラフルになるのに」などとつぶやいてみたり、「先日、電話でお話した

とき、ちょうど海沿いの〇号線を車で走っているときで」など、海に触れるか触れないかぐらいの微妙な距離感。多少の範囲だったら作り話でもいいでしょう。

　つまり、**相手が心密かに求めているものとあなたが提示しているものを間接的にリンクさせる**こと。この場合だと、（自分が行きたい）海＝コピー機、欲しいもの＝コピー機、こんなふうに発展させられれば成功です。

メンタリズム 応用編

恋愛を
思いのままに操る

Maneuvering people's mind in romantic relationship

好きな相手の
心を操る

Maneuvering people's mind in romantic relationship

「恋愛」というのもとても興味深い現象です。昔から多くの詩人が募る気持ちや叶わぬ想いを綴ってきましたが、今も変わらず、男性は女性の気持ちがつかめず、女性は男性のことがわからない。

以前、養老孟司先生が、好き・嫌いという感情も単なる「脳のバイアス装置である」という話をしていましたが、恋愛は化学ではなくてやはり科学的なことなのかもしれないという気がしています。

一般的な恋愛書だと、どう「攻めるか」が取り上げられがちですが、メンタリズム的にいえば攻めることよりもむしろ「観察力」が決め手です。あなたが好意を抱いている相手との恋愛的〝距離感〟を正確に把握しないことには、その後の進展もありません。

この章では、あなたと相手の実際の距離の測り方や相手がどういう人なのかという観察ポイント、それを使ったメンタリズム的操作方法を紹介します。

▶▶ 恋愛はまず観察ありき

観察力の鋭い人は無意識のうちにやっていることですが、他の動物と同様、人間も体のパーツを使ってさまざまなメッセージを発信しています。わずかな視線の動き、体の向き、姿勢、声のトーン。人間の特権である言葉を使わなくとも、これらで相手の気持ちを把握することは可能です。むしろ、言葉よりも信頼できるといっても過言ではないでしょう。人間はときどき、嘘をつきますから。

では、どう観察するのか。少し私の体験談をお話しましょう。
　以前、他の男性に片思いしている女性を好きになり、結果、自分に向かせてつきあうに至った経験があります。
　その女性と男性（仮にHさんとしておきましょう）は以前から私の知り合いで3人で出かけることも多かったのですが、徐々に「あれ？」と気づくことがありました。
　男性に比べ、**女性のほうが好意を持っている相手をジッと見つめることができる**のですが、ボーイッシュでクールなタイプの彼女は、Hさんのことをほとんど直視できません。しかも、私と話しているときは饒舌なのに、彼が来ると急に静かになったりと口数にも差がある。**〝いつもと違う〟というのは、相手に好意がある（もしくはまるで逆）という明確なサイン**です。たとえば、みんなといるときは静かなのに特定の人といるときだけ明るくなったり、普段は明るいのに誰かに対して声のトーンが落ちたり、口数が少なくなったり……。いずれもその相手が「特別な存在」だということを示しているのです。

　彼女を見ているうちに、Hさんに片思いしていることを確信した時点で、肝心のHさんは彼女のことをどう思っているのだろうと思い始めました。
　行きつけの店で偶然会うこともありましたから、2人の距離感を測るのは比較的簡単でした。よく見ていると、店が混んでいるときは隣同士に座るものの、電車のなかで**知らない人が隣に座るときに空ける**

"エチケットスペース"のような隙間が空いています。緊張なのか、遠慮なのか。気持ちをうまく表現できない彼女が距離をとるのはわかりますが、Hさんもきちんと距離を置いている。彼女が店に来ると「座りなよ」と言って、隣に置いてあった自分のカバンを自分に引き寄せて場所を作ってあげるのですが、これを見ても彼が無意識のうちに距離をとっていることがわかります。

　次に、2人のグラスの距離を見ることにしました。グラスの距離もその人たちの距離感を示していますが、遠くはないけれど決して近くはない。
　2人の距離感をざっと見て、Hさんは彼女にそれほどの好意は抱いていない。少しはあったとしても迷っている。少なくともつきあってはいないなと思いました。チャンスはある。
　今の状態だと、彼女は「自分の気持ちが伝わっていない」と悩んでいるはずです。ですから、思い切って彼女の気持ちに切り込んでみました。
「Hさんのこと、好きでしょ。よかったら相談にのるよ」と。
　自分の気持ちをオープンにしない人だっただけに、私がいきなりそんな話をしたのでずいぶん驚いた様子です。
「なんでわかるの？」

　もともと自分の悩みを口にするタイプではないことに加えて、恋の

悩みをする相手は男。今度は彼女にとって〝いつもと違う〟状況が始まったのです。そのうち、Hさんといるよりも私と接している時間のほうが長くなり始めました。

　彼女と会ううち、「好意のすり替え」を意図的に起こせるのではないかと思ったのです。あるとき、彼女が「自分から誘って飲みに行ったけど進展する気配がない。嫌われてるのかな」と言ったので、仕掛けました。
「そんなことないと思うよ。彼は僕と好みのタイプが似てるから」
　僕はあなたが好みですと、自分の好意をさりげなく伝えたのです。彼女にとっては、はっきりと告白されたわけではないので、反応も否定もできません。**少しずつ主語を「彼」から「僕」へとすり替えて、それを繰り返していきました。**
　彼女にとっても、今の彼との関係が不安だから誰かに聞いてほしい。でも、相談すればするほど〝好意のすり替え〟が起こります。
　そのうちに脳も少しずつ錯覚してくるのです。
「恋をしているのはこの人だっけ？」と。

　２人だけの秘密を作ったり、共通の体験を作ると信頼関係が深まるというクロージング効果も手伝って、いつの間にか彼女の興味は私のほうに向けられたのです。

▶▶ 目線で伝える、相手への好意

　アメリカの心理学者アルバート・マレービアン博士は、人から受け取る情報の割合を、**顔の表情55％、声の質（高低）・大きさ・スピード38％、話す内容７％**であると発表しました。

　つまり、人が何を言うかという内容は実は相手にほとんど伝わらず、それ以外からメッセージを受け取っているというのです。その非言語コミュニケーションの最たるものが、視線だけで自分の気持ちを伝える方法です。

　これは「ひと目惚れ」の条件でもあるのですが、ひと目惚れする人たちは、無意識下において相手の目を５秒から７秒間見つめているのだそうです。「え？　たったそれだけ」と思うかもしれませんが、アイコンタクトの長さは通常１秒程度。実際に試してみると、他人と３秒目を合わせることがいかに大変かわかるでしょう。ですから、初対面で他人の目をそれほど長い間見つめられること＝「特別な行為」であり、まさしくひと目惚れをしている象徴的な行動となるのです。

　メンタリズム的に解釈すれば、**５秒以上、相手の目を何も言わずに見つめることで、相手に特別な感情を与えることが可能**となります。「この人、もしかしたら自分のことが好きなのかもしれない」というメッセージですね。自分から告白できない人はこんなアクションを仕掛けて、相手の出方を観察してみてください。

もちろん、最初からあまりいい印象を持たれていない場合、あまり長い間ジッと見つめると「気持ち悪い」と思われて逆効果になる場合もあります。見つめる前に、相手にどう思われているのかをよく確認してから実行してください。

Exercise 14
手を出してもらうだけで簡単に相手の性格を見抜く方法

合コンやパーティ、親睦会などで友人たちとゲーム感覚で楽しむときにお勧めです。

まず、相手の人に「ちょっと手を出してください」とリクエストしてください。素直な反応を引き出すために軽くやるのがポイントです。そのときに①抵抗なくすんなり手を出すか、②そうではないかを観察します。①の人はあなたを信頼しています。何をされてもいい…とは思っていないかもしれませんが、少なくとも「変なことはされないだろう」という意味においては信用しているといっていいでしょう。次に②の人。出すのを渋ったり、「なに？ なんか怖いな」と疑いの目を向けたり、出したけれどあなたに届かない、手が曲がっているなどの場合、それがそのまま相手のあなたへの信頼度を表しているといってもいいでしょう。

次に、その手首をつかんでそっとあなたのほうに引っ張ってみてください。抵抗して自分で力を入れる、すんなり引っ張られる

かによって、能動的タイプか受動的タイプなのかがわかります。

　素直な人、従順な人、人の命令に逆らえない人は、こちらの依頼どおりの動作をします。人にコントロールされるのが嫌なタイプは、手を引っ張られないよう力を入れるだけでなく、あなたが離したあと、すぐに自分の手を下げるか引っ込めるでしょう。

　もちろん、常に能動的な人もいますが、その場の状況や相手によってキャラクターが変わる人もいます。ある人から見たら、「あの人は気が強いよ」と聞いていても、あなたにはすんなりと手を出して、あっさり引っ張られるとしたら、あなたにとっては受動的な面を見せてもいいと思っているのかもしれません。

　いつでも誰に対しても同じという人間はほとんどいませんから、これによってあなたがその相手をどう扱ったらいいのかがわかります。

▶▶ 共通性、類似性を探すことが〝好意〟を引き出す

　1977年に心理学者マースタインが発表した、恋愛が成立するSVR理論によると、**恋愛の初期段階では「返報性」という気持ちが働き、〝好意をもたれたら好意で返そう〟**と思うものなのだそうです。つまり、好意を抱いている人がいるならそれをいかに相手に伝えるかが大切です。

　コミュニケーションを図るときに、たいていの人は、相手との共通の話題を探します。心理学では**〝類似性や共通性を確認した瞬間、心のガードはゆるみ、安心する〟**と考えられていますから、似ているところや共通点を探すことは非常に効果のあることだといえます。

　もちろん、女性にもいろいろなタイプがいますから、自分のことを話すのがあまり上手じゃない人もいれば、明るくてオープンに話したい人もいます。とはいえ、人間は根本では〝わかってほしい〟と思っていますから、まず質問するところから始めてください。

　人とすぐに仲良くなれる人は、無意識のうちに実践していることですが、まず**相手のあらゆることに興味を持つこと**です。普段は何をしているのか？　何をしていると楽しいのか？

　相手に質問することによって、自分が興味を持っているということを暗に知らせています。詰問調になってしまっては逆効果ですから、**インタビュアーになった自分を想像する**といいかもしれません。相手が知らない人に自分をオープンにするのが怖いというタイプだったら、

自分のことを先に話をして、僕はこういう人間ですと安心させてあげてから聞いたほうが、安心しやすいでしょう。

Exercise 15
類似性を見つけるエクササイズ

コミュニケーションが苦手という人のなかには、好きな人はいるけれど、緊張してうまく話せない人もいるかもしれません。

緊張はしないけれど、話す話題がないということもあるでしょう。いずれにしても、相手との共通点や類似性を探すのが上手ではないようです。話の上手な人は、話しながら見つけていけますが、自信のない人は、思い切って「共通点を探したいのであなたのことを教えてください」と相手に言うのも意外性があってお勧めです。

「何に興味があるんですか？　すごく知りたいです」

「私と似ているところがあったら嬉しいなと思って」

そんなストレートな会話は、相手が男性でも女性でも意外と嬉しいものです。

▶▶ 「自分をわかってくれる」と思わせるひねりの会話

　人間にはいろいろな側面がある、というのは誰もが知っていることです。でも、誰かに話しかけたり褒めたりする場合、つい**「見たままの印象」を伝えてしまうことが多いのは恋愛トークとしては残念**なところです。

　美しい人を見たら「お美しいですね」。髪が美しかったら「キレイな髪ですね」、「スタイルがいいですね」などなど。

　不愉快な気分にこそなりませんが、あなたの存在を印象づけられたでしょうか？　残念ながら「嬉しいけど、普通」「その他多勢と一緒」ということになってしまうでしょう。

　見た目を褒めるのは、むしろつきあったあとのほうが有効のようですが、最初に自分の存在をアピールしたり、相手からの信頼を得るには、少し違うアプローチの方法が必要です。

　以前、ちょっといいなと思っている女性とパーティで遭遇したことがありました。彼女のまわりには友達や仕事の仲間が常にいたので、私はあえて話しかけず、何気なく彼女を観察することにしました。彼女がまわりの人に、どんなふうに扱われているのかを見たのです。「おしとやかで家庭的」と思われている女性もいれば、「仕事ができるキレ者」と思われている人もいます。彼女はのんびりとした癒し系のタイプだったため、「純粋で素直な子」として周囲の人にかわいがられ

ているようでした。
　次に彼女と話す機会があったとき、私は彼女が**いつも耳にしているだろうこととはまるで反対のことを言った**のです。もちろんネガティブな面ではなく、**褒め方のベクトルを変える**という意味で。
「妹タイプに見られがちだけど、実はけっこうクールにまわりを見ている冷静なところがあるよね。弱いんじゃなく、頼りになるよ」
　あとで聞くと、「いつもと違う自分の一面を指摘してくれたこの人はおもしろい」「他の人とはなんか違う」と思ったと笑っていましたが、とにかく自分自身を強く印象付けることに成功したのです。

　本当の自分なんて誰もよくわかっていません。ですから、普段はあまり言われないことを耳にすると「確かにそういうところはあるかもよ」「この人ならわかってくれるかも」と錯覚するのです。
　相手を見て「明るい人」という印象を持ったなら、その裏に必ず「暗い人」という側面を置いてみてください。相手の短所でもいいです。**その人の裏の面、見た目とは逆の面も一緒に評価してあげることが大切**なのです。たとえば「男っぽい」女性だったら「女性らしい＝繊細」、「勝気」という短所が見えたなら「弱気＝人を信頼する＝気が優しい」といった具合です。
　せっかく話ができても、ただの挨拶や世間話で終わってしまっては意味がありません。恋の発展を考えるなら、意外性を出すことであなたに興味を持ってもらうことが第一歩なのです。

▶▶ 初対面なのに、親近感を感じさせるミラリングの手法

　初対面の相手でも、「共感」することがあるとぐっと親近感を覚えたりしませんか？　あるいは、いつも行動を共にしている親しい人とは同じタイミングで同じことを言ったり、同じ動作をしたり。

　この〝タイミング〟を合わせれば、相手との距離の近さを意図的に作り出し、「共感」を生むことが可能なのです。鏡のように相手の動作を映し出す〝ミラリング〟、合わせるという意味から〝マッチング〟とも言われるテクニックです。

　やり方は簡単です。相手のしぐさを真似る、ただそれだけです。

　親しくなりたいなと思う人とあなたが向かい合わせでコーヒーを飲んでいるとしましょう。相手が右手でコーヒーカップを持ち上げたら、あなたは左手でカップを持ち上げてください。足を組んだら、あなたも足を組む。合わせるのは、動作でもしぐさでも姿勢でもOKです。まったく同じタイミングだと不自然に感じるときは、ちょっとだけ遅らせて合わせてみてくだしさい。

　大事なのは、相手には絶対にバレないこと。気づかれずにいかに多くのことを合わせられるかがポイントです。

　事実、この本の担当編集Ｉさんは「自分の動きを真似する人」に会ったことがあるそうです。自分の真似をする相手を見ながら「この人は何か心理学の本でも読んでいるんだろうな」と思ったそうですが、

相手がそう思った瞬間、あなたと相手の間には壁ができてしまいます。そこが難しいところです。

　だんだん同調してきて、相手との間に信頼関係ができると、"クロスミラリング"といって今度は相手が自分の真似をし始めます。仲のいい友達と同じタイミングで何かを言ったり、同じタイミングで笑ったり、嗜好までが似てきたりというのがこの現象です。

Exercise 16
ミラリングを実践する

「ただ相手の真似をするだけなんて簡単だ」と、ぶっつけ本番でやるのは危険です。ちょっと覚えたマジックをいきなり人前でやろうと思ったらついドキドキしてしまったり、「バレるかな」と心配になったりするのと同じように、うまくできるようになるにはやはり練習するしかありません。

最初は、バレても支障のない、怒られなさそうな人を選んで真似するのがお勧めです。コツは、何気なく自然に合わせること。まずは、相手の表情や簡単な姿勢を真似するところから。それが自然にできるようになったら、飲み物を飲む、足を組むなどの動作を真似る。意識しすぎないでこれらができるようになったら、会社の同僚、上司、取引先の人……と相手をレベルアップしてください。

繰り返していくうちに、さほどストレスを感じることなくミラリングをマスターできるようになるでしょう。

Column 8

究極のミラリングは、呼吸を合わせるペーシング

　好意や信頼関係を築き上げるミラリングですが、究極の方法は、呼吸です。あなたが思いを寄せる人と呼吸を合わせてみてください。相手が吸ったらあなたも吸う。呼吸を合わせることで、相手と心身ともに同調しやすくなります。人がいつ息を吸って、吐いているかわからないというなら、相手が話をしているときに注目してみてください。言葉を発しているとき、相手は息を吐き、息を吸ってまた話します。これに自分の呼吸を同調させるのです。

　呼吸は「究極のミラリング」といったのは、呼吸を合わせることが催眠の初歩段階だからです。相手が息を吐いているときに話したことは抵抗なく相手に入りやすく、それをエリクソン博士は催眠療法のときに使いました。息を吐いているときに暗示を相手に伝えていたのです。

　ミラリングのコツは、相手に絶対に気づかれないことというのはすでにお話しています。相手が気づいてしまうと、不快感を与えたり、これには何か裏があるのではないだろうか？と勘ぐられる危険性があるからです。ですが、呼吸だったら、あなたの鼻息がよっぽど荒くない限り、不信がられることはないでしょう。

▶▶ 親近感を持たれるサイコロジカルタッチ

　タイミングを見極めるのは非常に大事ですが、相手の体に触れる**ボディタッチは相手に親近感を抱かせる**という効果があります。

　事実、「極めて自然な状況で、客の手や肩などに軽く触れるウェイトレスは、より高額なチップがもらえる」というミシシッピー大学の研究結果もあるほどです。

　具体的な数字をあげると、腕を軽く触れられた人は、見知らぬ相手の捜し物を手伝ってあげる確率が27％増加し、**2回以上触れると効果はさらに高まる**のだそうです。頼みごとをするまでにいかに自然に触れられるかが重要になってきます。

　また、街や店などで知り合いになった相手と電話番号を交換する確立も高くなるという効果も。

　もちろん、同性や異性に触れられたくない男性や女性もいますから、そのあたりは注意が必要です。

　体のどの部位にタッチするかという、触れる場所も重要です。

　相手が女性の場合、不適切なところに触れてしまうと必要以上に緊張させてしまったり、相手の気分を害してしまうことも。そこで、男女ともにもっとも触れやすく、警戒心を与えないのが二の腕なのだとか。肩に触れることも簡単にできそうですが、ビジネスの場などで相

手が目上の人の場合はなかなか触りにくいものです。

　ビジネスでも恋愛の場でも、二の腕にもっとも触れやすい状況は、**入り口で相手を中に促すとき、店で席を勧めるとき、出口を指し示すとき**でしょう。

　デートのとき、隣に座っている場合なら**話をしながらさり気なく前腕に触れる**のも効果的です。

メンタリズム 応用編 ◆ 恋愛を思いのままに操る

　シチュエーションによっては、**背中に触れる**というのもあるかもしれませんが、男性がいきなり女性の背中に触れてしまうと逆に女性を警戒させてしまうことも考えられます。
　また、男性にとっても背中は自分では見えない部位ですから、「突然、触られた」という感覚になってしまい、わずかながらでも「怖い」という感情を伴ってしまいます。
　相手に触れる場合は、**必ず相手から見える範囲**で触れるようにして

187

ください。

　もともと人の体に触れる文化のない日本では、ボディタッチは警戒される可能性が高いとされていたようですが、初対面の挨拶のときにお辞儀だけでなく握手する人がずいぶん増えた今だからこそ、生かされる手法といえるかもしれません。
　また、読筋術（詳しくは☞P204参照）と組み合わせて、相手に親近感を与えつつ、相手の緊張状態を読むことも可能です。

Exercise 17
身近な人の体に触れて、慣れておく

　人の体に触れる、というのはすんなりできる人とつい抵抗を感じてしまう人がいます。ですが、慣れてしまえば誰でも自然にできる行為ですから、ぜひ習得してください。
　友達や恋人を呼ぶときに相手の二の腕のあたりをトントンと叩くことから始めましょう。それができたら、叩かずそっと〝手を置く〟。何かおもしろいことを共有したときに、そっと肩や二の腕に触れてみる。やたらぎこちなく触って勘違いされないよう、気をつけながら実践してみてください。

▶▶ 絶対に嫌がられないビギナー向けの誘導話法

　精神科医のエリクソン博士のところには、さまざまな人が訪れたといいます。心を閉ざしている人たちも多くいて、"上から目線"のカウンセリングではより深いところに閉じこもってしまいます。
　そこで彼は、"こうでなければならない"という枠をはずし、「こうでもいいし、ああでもいい。それ以外でもいいよ」というアプローチの仕方を構築したのだそうです。

「椅子に座ることも嫌だし、あなたの話を聞くこともしないぞ」
　そうクライアントが言ったとき、博士はこう言いました。
「わかりました。あなたは椅子にも座らないし、私の話も聞いてくれないんですね。じゃ、私がひとり言を言うのは構わないですか?」
「別にいいですよ、ひとり言なら。でも、僕は聞かないぞ」
　そこで博士は、ひとり言のなかに暗示を入れて、いつの間にかクライアントを催眠に落としてしまったのです。

　心理学では、これを「可能性話法」といいます。何も強制せず、「Aでもいいし、Bでもいいし、それ以外でもいいですよ」と可能性を話すだけなので、文脈的に否定ができません。そのぶん、やわらかい優しいイメージのトークになりますし、**相手への強制や誘導も少ないので、初心者向けのテクニック**といってもいいでしょう。ですが、相手

の自由にさせているように見せて、結果的にあなたの意図に沿った結果を導き出すのがポイントです。
　たとえば、こんなふうです。
「あくまでも過程の話だけど、もしも僕と温泉に行くとしたら、近代的なホテルと、しっとり情緒ある日本旅館とどっちがいい？」
　この質問は、すでに２人で温泉に行くことを前提とした質問ではあるものの、相手に**「絶対行こうね」「いつ行く？」と強制はしていません**。その旅行を相手に想像させているだけです。
　この類の質問を何度か繰り返していると、相手はまず「あなたと温泉に行く」ことを想像し、その後もあなたの質問に答えるたびに、あなたと「結婚する」「つきあう」あるいは……といったことを想像するわけです。**すでに一度想像してイメージがＯＫの状態になっている**ため、タイミングを見て本当に温泉に誘うときにも、「いい感じの和風旅館を見つけたんだけど、今度本当に一緒に行く？」と切り出しやすくなったりするのです。
　〝想像力〟は、メンタリズムだけでなく、生きていくうえでとても大切な力です。その〝想像力〟を恋愛で利用するのがこの会話法なのです。

> 日本旅館と
> おしゃれなホテル
> どっちがいい？

Exercise 18
したいことを相手に言わせる究極の誘導話法

　あなたは好きな人をデートに誘うとき、「今度、○○に行きませんか？」などと、行動を限定して相手を誘ってはいませんか？
　具体的に話を詰めたいのならこれでは非効果的です。何をしたいのか、どうしたいのか、相手に言わせるのです。
　たとえば、その相手が映画好きだとしたらこんなふうです。
「映画を見に行こうと思っているんだけど。最近なんかおもしろい映画ある？」「○○の作品はどう？」「あ、いいね。もう観たの？」

「この間観てきた。おもしろかったよ」「そっか。いいな。これから来る新作とかは？」「新作だったら○○、△月に公開なんだけど、気になるな」「あ、そうなんだ。どんな映画なの？」「こういう作品なの」「へえ。僕も興味出てきたな。もう観に行くことが決まってるの？」「ううん、まだ」「じゃそれ観に行こうよ」

　相手の好きなことで、これから実現したいことを、相手の口から聞き出しました。自分の好きな話だと抵抗なく乗ってくる人は多いです。それを探って、相手にやりたいことを言わせてみてください。

▶▶ 気になる女性をデートに誘うDoor in the Faceテクニック

　気になる相手を誘うのは、実にさまざまな方法があります。
　そのなかでもこれは、恋愛だけでなくビジネスの営業方法としても有名なテクニックですので、覚えておいて損はありません。

　Door in the Faceというのは、扉を開けたらいきなり人がぬっと顔をのぞかせて何かを要求してくるイメージです。
　「そんなことは無理です」と断らせるのが最初の目的。
　次に、最初よりも要求を少し下げたものを提示すると、それが受け入れられやすくなるというものです。
　「相手が譲歩したのだから、自分もしなくては」という**気持ちを逆手に取ったテクニック**というわけです。もっとも、最初の要求はダミーで、あとで出したものが本当の目的なのですが。

　具体的な会話をひとつ紹介しましょう。
　「明日、日帰りで北海道の動物園に遊びに行こうよ」
　「明日？　予定があるし、それに北海道なんて……」
　明日が無理なのは想定内です。次にくるのが、本来の目的ですから、現実的で相手を考慮した内容が適切です。
　「無理か……。まぁ当然だよね。じゃ、来週の日曜に鎌倉にドライブでも行かない？　鎌倉だったら美味しい店もあるし」

一度「無理！」と断った罪悪感から、あなたに少しでも好意があればOKしてくれるはずです。最初は大きなダミーのリクエストをし、次に現実的で本当に叶えたいことをもってくるのがポイントです。

メンタリズム 応用編 ◆ 恋愛を思いのままに操る

あわせて覚えたい
Foot in the Doorのテクニック

　前のページで紹介したDoor in the Face（ドア・イン・ザ・フェイス／DITF）のテクニックは、最初は断られるのを承知で無理難題を提示し、「それは無理！」と断られたら、「じゃ……」とより小さなことを要求。相手に譲歩の気持ちを喚起させるのが目的です。昔、民家に押しかけて包丁などを無理やり買わせた〝押し売り〟と呼ばれる詐欺師の手法です。
「怖い顔して家に入ってきて『1万円でこれ買え！』って言うから『買いません！』とぴしゃりと言ったら、素直にそうですかと聞いて、『じゃこれならどうだ』って1000円のものを出すから、それならいいわよって買ったの」という理論に基づいています。最初に300万円もする化粧品の話などをしておき、実際に売るのは30万のもの。30万円でこれが手に入るなら安いわねと思わせるのもDITFの手法です。

　それに対抗するのが、Foot in the Door（フット・イン・ザ・ドア／FITD）テクニック。今度はぴしゃりと閉められそうなドアになんとかつま先だけ入れて、「お願いしますよー。せめて話

だけでも聞いてくださいよ」と懇願するイメージです。懇願はあくまでイメージです。その後、家に入れてもらったら、今度はお茶を要求したり、お風呂に入れてくださいよといったり、あげくのはてにはご飯を食べて泊まっていった……という流れでしょうか。恋愛だと、お茶に行くのをOKしてもらったら、ご飯、飲みに行く、旅行……と、少しずつ目標を上げていくわけです。これは、最初に小さい「イエス」をもらうことで、相手との間にある種のつながりや結びつきができ、より大きな「イエス」を引き出しやすい、つまり断りにくいという状況が生まれるというものです。チラシなどで見た「無料お試し券」を持って行ったら、結局高い商品を売りつけられることもあるようですが、恋愛ではできるだけ相手が抵抗しない要求を積み重ねていってください。

　初対面の相手だったら→「メル友になりましょう」

　すでに知りあいだったら→「休日に（仕事終わったあとに）ちょっと顔を見るだけだったらいいかな」などなど、「それぐらいならいいか」と思わせるのがポイントです。

▶▶ 恋人のいる相手を落とすテクニック

　恋人、あるいは特定の相手がいる相手を落とすことなんて、可能なのでしょうか。
　エリクソン博士が使った〝分離法〟を使えば可能です。
　分離法とは、たとえば「私はダメ人間なのです」というクライアントに対して、「ダメじゃないこともあるよね」「昔はそうではなかったの？」など、その人全体が「ダメ」なのではなく、それは単に「～ができない」などという一部分に過ぎないことを知らせて治療に役立てる会話法です。
　相手の心をラクにしてあげるためのテクニックといってもいいかもしれません。
　特定の相手がいる人の場合、どんな会話で「心がラクになるか」というと、こんなふうです。
「〝あの人の恋人〟としてのあなたではなく、1人の女性（あるいは男性、人間）としてのあなたが好きなのです」

　こう伝えることによって、**相手の立場を2つ提示する**ことになります。
「1人の人間（女性／男性）としての自分」と、
「○○の恋人（妻／夫）としての自分」。
　それまでぴったりと重なっていたものが2つに分かれるのです。

そうすると、
「"あの人の恋人としての自分"は、恋人以外の人と食事をしたり遊びに行くのは抵抗があるけれど、"1人の人間としての自分"だったら、**自己責任において何をしてもいいのではないか？**」
　という意識が芽生え、"1人の人間としての自分"でいるときに誰かから「好きです」と言われても、その言葉は**抵抗なくスッと耳に入ってくる**はずです。別に浮気を促されているわけでも、浮気をしているわけでもないのですから。

　次に、より明確にそして効果的に分類するために「"あの人の恋人"としてのあなたではなく、"女性／男性"（あるいは人間）としてのあなたが好きなのです」と言うとき、「恋人としてのあなた」と「1人の人間としてのあなた」の声のトーンを変えてみてください。そして、それ以降、そのルールに基づいて、"1人の人間としてのあなた"に話しかけるときは、同じトーンで話し続けるのです。
　好意を隠さなければいけない場所では"○○さんの恋人"で使ったトーンで話すと、相手のなかにも2つがよりはっきりと分類されるはずです。

Column 10

分離法を使って、もめごとを最小限に治める!

　以前、店でケンカをしているカップルを見かけました。彼はなぜ彼女が怒っているのか見当もつかない様子。「ごめん。俺、何か悪いことした？　気に入らないことがあるなら言ってよ」と困惑顔です。それを聞いた女性はますます怒り、「あなたのそういうところが嫌なのよ！」と帰ってしまったのです。

　ここでの問題は、問題が明確に切り分けられていないことにあります。たとえば人間は時間を年、月、週、日、時と分けて考えます。「すっごく前」は「すごく前」よりちょっと前……と言われても理解できませんが、「おとといは昨日の1日前」と言われると、漠然としていたところにひとつの区別が成立する。自分の行為や行動も、このように分離させて区別するのです。

　「いろいろ悪いことをしたと思うし、悪いと思っている。でも、特に気に入らなかったのはどこ？」

　もしも彼がこんなふうに聞いたら、彼女はこう答えたはずです。「別に全部が悪いとか、気に入らないわけじゃないけど、あのときの○○がいちばん頭にきた」と。そして、おそらく彼女は彼を1人店に残して帰ることはなかったでしょう。

▶▶ うまく別れを切り出すメンタリズム的方法

　意外とリクエストが多かったので、あえてこの項目を入れてみました。それまで好きだった人と別れようというのですから、ある程度のエネルギーは必要です。自分から離れたいと思った場合、どのタイミングで別れを切り出すのか、なんと言い出すのか、理由はどう言うのか。かといって悲しませたくはない。……頭の痛い問題です。

　極論を言えば、ベストな方法などありません。ですが、別れを切り出す前段階として、メンタリズムを使ってできることはあります。

　それは、「**あなたへの興味をなくしてもらう**」のです。別れに向けて「準備をしておく」といってもいいかもしれません。

　メンタルなことではなく、目に見えてわかる動作で、それもあからさまではなく相手の心に少しずつ刷り込むのです。
「2人の間には距離がある。君にはもう興味がないよ」と。

　ほとんどの人は自分に興味のある人が好きですから、これは心を"離してもらう"には効果的だといえるでしょう。

　まず、相手に親近感を与えるミラリングの手法（詳しくは☞P181参照）を参考に、タイミングをすべて逆にしてみてください。

　彼女が一生懸命何かを話しているとき、つまり身を乗り出しているときに、椅子の背にもたれて聞く。時間にきっちりしている相手だったら、あえて遅刻する。相手の苦手なものや嫌いな食べ物を忘れた振

りをして言う、見せる、行動する。すべからく真逆をやるのです。

あなたが男性だとしたら、**彼女の話を聞かないことはもっとも効果的**かもしれません。人に相談することで安心感を得る女性は多いですから、**あなたという相談相手をなくしてしまうのです**。そうすると、それまでサブだった友達がメインの相談相手となり、そのなかで「大切にしてくれない彼氏だったら別れなよ」といった話が出るように導けば……自然と彼女の気持ちは離れるはずです。

人間の心理はおもしろいもので、**何かが無くなるとその代替品を求めます**。要はあなたへの興味を相対的に下げて他のところに向けてあげればよいのです。その対象は他の異性でもいいし、趣味や仕事でも構いません。仕事が好きな相手だったら、転職や配置換え、新しい趣味を見つけたとき、別れるのだったらこのタイミングです。

あなたに対する興味の度合いが下がり、他のことへの興味が上がれば、自然と会う時間も少なくなる。会わない時間がしばらく続けば、次第に興味も失われる。そして、最後はあなたに興味がなくなっていくのです。

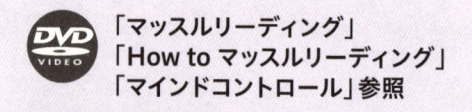

「マッスルリーディング」
「How to マッスルリーディング」
「マインドコントロール」参照

Exercise 19
読筋力を鍛えるエクササイズ

　エクササイズ1でも触れましたが、メンタリズムには、読唇術ではなく「読筋術」というジャンルがあります。心の動きが体に現れるというもので、相手の肩をつかんだり体を少し押したり、筋肉の様子を読んで当てる方法です。

　ここではさらに一歩進めて、マスターできれば日常でも応用できる場面の多い方法を紹介します。

　嘘をついている人は、特に「絶対バレないぞ」と体や肩に力が入っているのですぐわかります。その状態は、催眠と少し似ていて、「絶対に動かないぞ、動かない」と繰り返し自分に言い聞かせるため、筋肉が本当に硬直するのです。

　ここでは、2つのエクササイズを紹介します。

　ひとつめは、部屋の4つのコーナーをパートナーにイメージしてもらい、実際にその人の手をとって部屋を歩き回ってどのコーナーかを当てるというエクササイズを紹介しましょう。

　まず、四角い部屋の各コーナーを目で見てもらってください。そのひとつのコーナーを選び強くイメージしてもらいます。次に、相手の手首を取り、部屋をぐるぐると歩きます。昔話題になったダウジングのような感覚です。

　そして、「何も言わずに頭のなかで自分が選んだコーナーをイメージして、その映像を私に送ってください」、または「他のと

ころに行こうとしたら『違う違う』とイメージしてください」などと歩き回りながら言葉で誘導します。

人によって反応の大小はありますが、違うコーナーに向かうと腕も重くなり、足取りまでが重くなります。そして、正解のコーナーに向かうときだけは足もスッと動き、むしろ自分から進んで歩いて行っているなと感じるほど違いが出ます。

上級者になると、相手の腕を取るのではなく、棒を使って間接

的に筋肉の動きを感じることができたり、最後は「ノーコンタクト・マインドリーディング」といって、その人にはまったく触れずに歩き回り、表情や表面的な体の動きだけで解読することが可能です。

そこまでできなくても、〝人間の心がいかに体の筋肉に作用するか〟を読み取るのはおもしろいものです。筋肉の力の入り方に変化が出る＝何かしらの心境の変化があったということを実感できるエクササイズなので、ぜひ試してみてください。

もうひとつのエクササイズを紹介しましょう。
携帯と鍵など、2つの物をテーブルに置き、向い側に座っている相手に「口には出さず、心のなかでどちらかを強くイメージして」と言ってください。
その後、相手に手を出してもらい、あなたはその手首を軽くとり、空中で携帯、鍵の上をゆっくり移動させながらこう言います。「手は力を抜いて。自分が選んだほうに来たら、頭のなかで『それだ』と強くメッセージを送ってください。私が違うほうに行きそうになったなら、頭のなかで『そっちじゃない』と強く唱えて教えてください。でも、口には出さないでくださいね」
このときの「強く」というのは、「力を入れてください」という相手への暗示です。普通、「強くイメージしてください」と言われても、どうしていいのかわかりませんから、つい体の反応と

して出てしまうのです。先ほどのコーナー当てのときと同じように、違うほうに動くときは筋肉が硬直します。押し返そうとし、「違うよ」という考えが筋肉に力を与えます。一方、正解の方向に行くときにはスッと動くのでその違いを感じればわかるでしょう。

AFTERWORD

　メディアへの露出が増えると同時に、「メンタリズムとは何か？」と問われる機会も多くなりました。私が行うメンタリズムは、超能力や霊能力といわれる不思議な力を、科学とロジックで「再現」して見せるパフォーマンスです。再現性があるということはつまり法則や方法が存在するわけで、特別な能力を持っていなくとも、習得しさえすれば、私のように何度も再現することが可能です。

　たとえば、人が選んだ数字やマークを当てるというパフォーマンスも、メンタリズムでは「当てる」のではなく、こちらが意図する数字やマークを、話法や印象操作といったさまざまなテクニックを使って、相手に「選ばせる」ことに注力します。そのテクニックの元になっているのは、超能力者や霊能力者を名乗る人たちの間で大昔から伝えられ、育まれ、進化し続けてきた技法。書面ではなく、あくまでも口づたえに受け継がれてきたもので、声高に言うことではありませんが、詐欺師が使うテクニックもそこには含まれているかもしれません。

　これまでベールに包まれていたそれらのテクニックを、本書ではわかりやすく、なるべく具体的に紹介しました。メンタリズムを簡単に体験できるエクササイズも入れています。なかには私が実際のパフォーマンスで使っているテクニックも入っていますので、テレビなどで私のパフォーマンスを見て「あ、あの法則だな」と気づかれても、手のうちを見せた私への情けと思って、あまり多くの解説をしないでいただけると嬉しいです。

本書のタイトルどおり、相手に気づかれることなく「人の心を自由に操る」ことができれば、あなたはコミュニケーションの達人です。そして、メンタリズムをマスターすれば、プライベートでもビジネスでも、コミュニケーションの達人として必ずや一目置かれる存在になるでしょう。

　「メンタリズム」を介してあなたと出合えたことに感謝します。そして、この書によって、私が魅了された「メンタリズム」があなたにとっても魅力的なものになれば幸いです。

参考文献

- ジェイ・ヘイリー『アンコモンセラピー』二瓶社,2001
- ラマー・キーン『サイキック・マフィア』太田出版,2001
- 工藤力『しぐさと表情の心理分析』福村出版,1999
- D.アーチャー『ボディ・ランゲージ解読法』誠信書房,1988
- 匠英一『しぐさで見抜く相手のホンネ』扶桑社,2008
- 養老孟司×古舘伊知郎『記憶がウソをつく！』扶桑社,2010
- 渋谷昌三『外見だけで性格を見抜く技術』幻冬社,2009
- イゴール・レドチャウスキー『催眠誘導ハンドブック』金剛出版,2009
- 石井裕之『なぜ、占い師は信用されるのか？』フォレスト出版,2005
- 石井裕之『コミュニケーションのための催眠誘導』光文社,2006
- 齋藤勇『心理分析ができる本』三笠書房,1997
- 千葉英介『心の動きが手に取るようにわかるNLP理論』明日香出版社,2003
- 林貞年『催眠術のかけ方』現代書林,2003
- 林貞年『催眠術の極意』現代書林,2006
- 林貞年『催眠術の極め方』現代書林,2008
- 山中康裕『ユング心理学』PHP,2007
- Ekman,Paul & Friesen,Wallace V.UNMASKING THE FACE.MALORY BOOKS,1975
- Ekman,Paul.Telling Lies.W·W·NORTON,1992
- Ekman,Paul.Emotions Revealed.TIMES BOOKS,2003
- Ekman,Paul.Facial Expressions.American Psychologist.Vol.48,No.4,384-392
- Ekman,Paul.Why Don't We Catch Liars?.Social Research.Vol.63,No.3,801-817,1996
- Ekman,Paul & L.Rosenberg,Erika.What The Face Reveals.Oxford University Press,1997
- Silver,Tom.Ultimate Shock Induction(Video)
- Silver,Tom.Secret of Shock and Instant Induction(Video)
- Hunter,Rudy.Tree Reading(Video)
- Jaquin,Anthony.Reality is Plastic.UKHTC,2007
- O'Hanlon,William Hudson,& Martin,Michael.Solution-Oriented Hypnosis,1992
- O'Hanlon,William Hudson.Taproots.Underlying Principles of Milton Erickson's Therapy and Hypnosis.New York:Norton,1987
- Zeig,Jeffrey K.Experiencing Erickson.New York:Brunner/Mazel,1985.
- Zeig,Jeffrey K.A Teaching Seminar With Milton H. Erickson.New York:Brunner/Mazel,1980
- Haley,Jay.Uncommon Therapy.New York:Norton,1973.
- Haley,Jay.Conversations with Milton H.Erickson,M.D.Vol.1&2.New York:Triangle,1985
- Riggs,John.Fat-Free Mentalism.
- Riggs,John.The complete Fortune Teller.
- Stagnaro, Angelo.Something from Nothing.
- Stagnaro, Angelo.European Mentalism Lecture.2005
- B.Anderson,George.Dynamite Mentalism.1979
- Rowland,Ian.Full Facts Book of Cold Reading 3rd Edition.2002
- Knepper,Kenton & Tank,J..Completely Cold
- Knepper,Kenton.SAR
- Knepper,Kenton.Miracles of Suggestion.2002
- Knepper,Kenton & The S.E.C.R.T,School.Mind Reading.2005
- Knepper,Kenton & Steven Sikes,Rex.Wonder Readings.1999
- Knepper,Kenton.Wonder Words 1
- Knepper,Kenton.Wonder Words 2
- Knepper,Kenton.Wonder Words 3
- Dewey,Herb.Mindblowing Psychic Readings
- Dewey,Herb.Psycho-Babble
- Dewey,Herb & K.Saville Thomas.King of Cold Readers
- Dean,Jeremy.How to be creative
- Webster,Richard.Quick and Effective Cold Reading
- Webster,Richard.Commercial Cold Reading(Audio)
- Webster,Richard.Further Commercial Cold Reading(Audio)
- Trickshop.MASTERING HYPNOSIS,2001.
- Brown,Derren.Tricks of the Mind.2007.
- Corinda.Thirteen Step to Mentalism,1986.
- Wiseman,Richard.Quickology How We Discover The Big Truths In Small Things
- Crouter,Fred,The Inner Secret of Cold Reading
- TRADECRAFT.The Art and Science of Cold Reading
- Hyman,Ray.Cold Reading:How To Convince Strangers That You Know About Them
- Jakutsch,Jas.Completely Mental 1,1999.
- Jakutsch,Jas.Completely Mental 2,1999.
- Jakutsch,Jas.Completely Mental 3,1999.
- Christopher,Milbourne.Mediums,Mystics and the Occult,1975.
- Henderson,Brad.The Dance
- Kross, Ford.Suggestive Mentalism
- Mann,Al.High Domain
- A. Nelson, Robert.The Art of Cold Reading
- A. Nelson, Robert.A Sequel to the Art of Cold Reading.

STAFF

●著 者●
メンタリスト DaiGo

●文・構成●
有動敦子

●ブックデザイン●
穴田淳子（a mole design Room）

●イラスト●
鈴木順幸

●撮 影●
表 紙 / Coco
本 文 / 難波雄史

●ＤＶＤ制作●
株式会社 ファーストワン
テクニカルディレクター / 富澤 隆
撮 影 / 富澤 隆、富澤孝太郎
照 明 / 富澤 隆、遠藤陽平
音 声 / 稲田 環

●撮影協力●
巻 頭 / 自由学園 明日館
DVD / Café & Meal MUJI 新宿

●DTP●
株式会社 Office SASAI

●マネジメント●
むらやまじゅん（CALL³）

●編 集●
井関宏幸（株式会社 扶桑社）

メンタリスト DaiGo

「すべての超常現象は科学的に再現できる」を信条に、科学・心理学にもとづいた解析を行い、暗示、錯覚などを用いて超常現象を再現するパフォーマンス"メンタリズム"を行う。

DaiGoは、現在日本で唯一のメンタリズムパフォーマー。かつて超能力として話題となったスプーン曲げや、心を見透かす読心術など、再現される超常現象は多岐にわたる。科学や学問を用いてエンターテイメントに仕上げたパフォーマンスで人気を博し、数多くのメディアで絶賛されている。メンタリズム研究会『CALL³(スリーコール)』に所属。

日夜メンタリズムの研究にいそしみ、さらなる人間の脳と心の解明に取り組んでいる。

[著書]『DaiGoメンタリズム
　　　　 誰とでも心を通わせることができる7つの法則』ワニブックス刊

[official web site] http://www.daigo.me/

▶ 講演・パフォーマンスの依頼は、
　 メンタリズム研究会『CALL³(スリーコール)』まで
　 village3shop@gmail.com

人の心を自由に操る技術　ザ・メンタリズム

メンタリスト DaiGo 著

2012年2月2日　初版第1刷発行

発 行 者　　久保田榮一
発 行 所　　株式会社 扶桑社
　　　　　　〒105-8070 東京都港区海岸1-15-1
　　　　　　電話 03-5403-8870（編集）　03-5403-8859（販売）
　　　　　　http://www.fusosha.co.jp/

印刷・製本　町田印刷株式会社

定価は表紙に表示してあります。
乱丁・落丁（本の頁の抜け落ちや順序の間違い）の場合は扶桑社販売部宛にお送りください。
送料小社負担でお取り替えいたします。
なお、本書のコピー、スキャン、デジタル化等の無断複製は著作権法上での例外を除き禁じられています。本書を代行業者等の第三者に依頼してスキャンやデジタル化することは、たとえ個人や家庭内での利用でも著作権法違反です。

©2012 CALL³ / Fusosha Publishing,Inc.　ISBN978-4-594-06540-9　Printed in Japan